ÉTUDE

SUR LA

SÉPARATION DES PATRI...

THÈSE

POUR LE DOCTORAT

Soutenue publiquement devant la Faculté de Caen

Le 26 Juillet 1867

PAR

Charles-Louis LE SÉRURIER

HAVRE

IMPRIMERIE DE G. CAZAVAN ET COMPAGNIE,

Rue Saint-Julien, 16.

1867

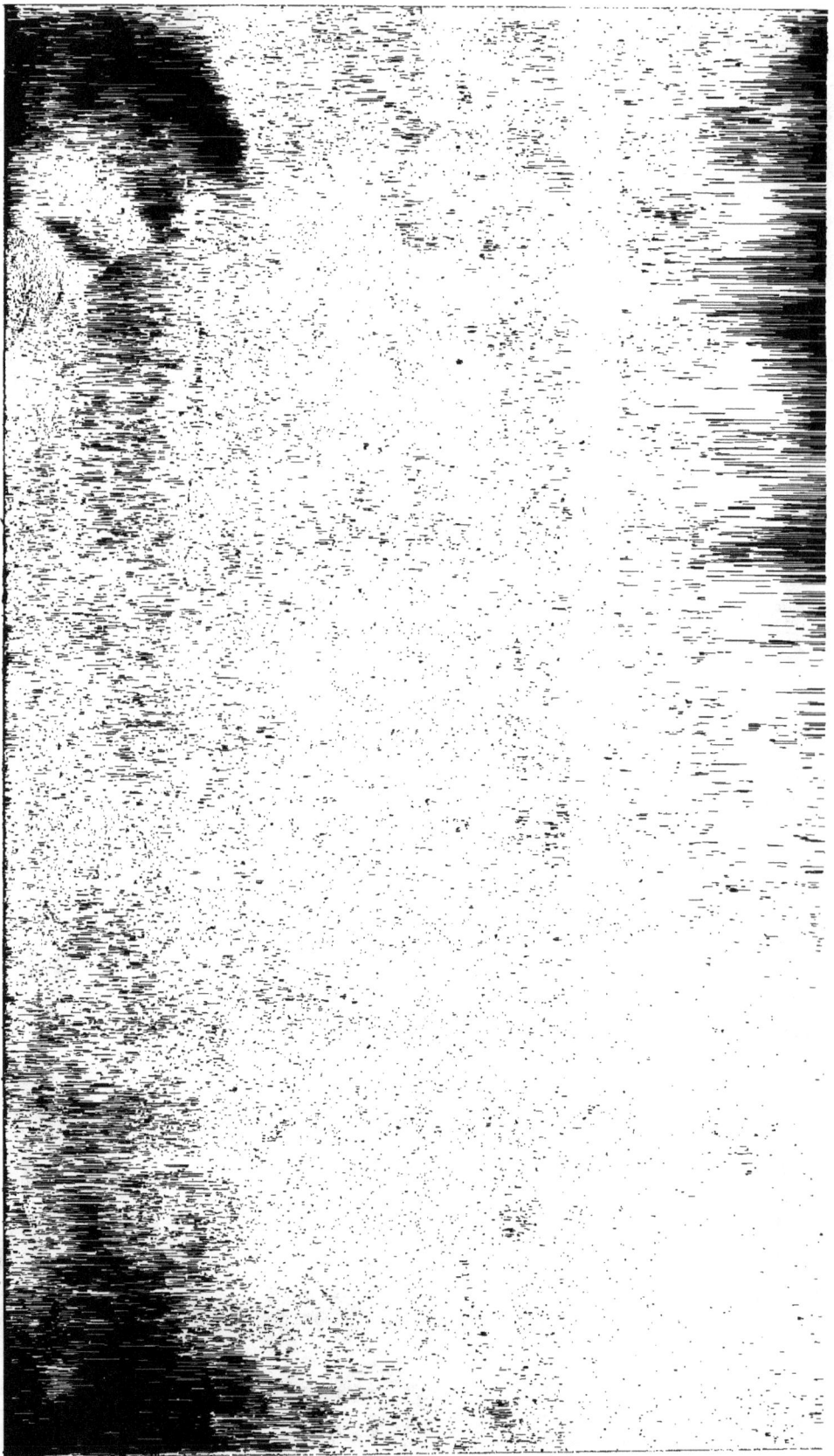

ÉTUDE

SUR LA

SÉPARATION DES PATRIMOINES

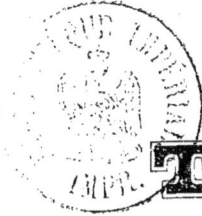

THÈSE

POUR LE DOCTORAT

Soutenue publiquement devant la Faculté de Caen

Le 26 Juillet 1867

PAR

Charles-Louis LE SÉRURIER

674

HAVRE

IMPRIMERIE DE G. CAZAVAN ET COMPAGNIE,
Rue Saint-Julien, 16.

—

1867

A MON PÈRE

HOMMAGE DE RESPECT ET DE PROFONDE RECONNAISSANCE.

SUFFRAGANTS

MM. TROLLEY   *Professeur Président.*
BERTAULD *Professeur.*
CAUVET   *dito.*
CAREL   *dito.*
TOUTAIN   *Agrégé.*

DE LA SÉPARATION DES PATRIMOINES

> Il ne faut pas tomber dans une brièveté
> trop concise ou affectée, pour donner aux
> lois un certain air de majesté et un ton
> plus impératif, surtout de notre temps,
> de peur qu'elles ne ressemblent à la règle
> des architectes de Lesbos.
>
> BACON. (*Dignité et accroissement
> des Sciences,* — LIV. 8.)

Généralités. — 1. — Lorsque le législateur a résolu le grave problème social qui se rattache à la détermination de l'ordre successoral et qu'il a décidé quels seront les droits et les devoirs des héritiers, il lui reste à trancher deux questions secondaires, il est vrai, mais importantes encore. L'une se propose pour but de mettre les biens de l'héritier à l'abri des poursuites des créanciers héréditaires: l'autre, de protéger ces derniers contre le concours possible des créanciers personnels du successible.

Ces questions se sont présentées devant le législateur de 1804 qui, après avoir posé en principe, dans l'art. 724 du Code Napoléon, que le représentant du défunt est saisi de ses

biens, droits et actions sous l'obligation d'acquitter toutes les
charges de la succession, n'eut pu se dispenser d'y répondre
sans laisser compromis les intérêts les plus respectables. La
première trouve donc sa solution dans la section 3 du chapitre V, au Titre des Successions : c'est là qu'il est traité du
Bénéfice d'Inventaire, de ses effets et des obligations de l'héritier bénéficiaire; la seconde a sa place dans la section 3,
chapitre VI, du même titre, section qui porte pour rubrique :
Du payement des dettes.

2. — Nous nous proposons d'examiner, dans cette Thèse, les
difficultés auxquelles cette dernière donne lieu, difficultés
très nombreuses et très graves qui eussent dû, peut-être, nous
faire reculer devant cette lourde tâche et qui y fussent à coup
sûr parvenues, si l'expérience ne nous eût appris sur quelle
extrême bienveillance nous pouvions compter (a).

Depuis Lebrun, tous les auteurs qui ont traité cette matière
ont été unanimes à reconnaître combien elle est ardue, mais
s'il en était déjà ainsi dans l'ancien Droit, il faut avouer que
le Code Napoléon n'a pas simplifié le sujet. Divers commentateurs se sont plaints de l'indécision dans laquelle le législateur
moderne avait laissé les questions les plus importantes du
Bénéfice d'Inventaire; le reproche est bien autrement fondé
encore, lorsqu'il s'agit de la Séparation des Patrimoines.
Quatre articles (878 à 881) au Titre des Successions, deux
(2111 et 2113) dans celui des privilèges : tels sont les seuls
textes que nous possédions pour élucider cet important problème ! Et si nous ajoutons que l'art. 2111 semble détruire
l'art. 880, si nous disons qu'après avoir consacré un système
dans le Titre Ier du Livre III, le législateur paraît le répudier
dans le Titre XVIII, on n'aura pas de peine à comprendre et
notre inquiétude et nos hésitations.

(a) Qu'il me soit permis de remercier ici MM. les Professeurs de la Faculté
de Caen et de leur offrir publiquement l'hommage de ma respectueuse reconnaissance : je n'oublierai jamais combien ils se sont montrés sympathiques
à mes efforts dans l'étude de cette belle science du Droit.

Pourtant (dirons-nous toute notre pensée) la difficulté de ce sujet, très sérieuse à coup sûr, nous semble avoir été exagérée et peut-être faut-il reconnaître que les premiers travaux dont il a été l'objet n'ont pas peu contribué à l'obscurcir. Parmi les auteurs qui ont étudié plus spécialement la Séparation des Patrimoines, les uns se sont refusé à tirer des textes les conséquences qu'ils renferment, les autres ont préféré accuser de légéreté le législateur et ont, sans scrupule, remanié les articles qui les gênaient, de telle sorte que des systèmes innombrables ont pu se faire jour et triompher tour à tour, au grand détriment de la fixité, si indispensable cependant, de la jurisprudence.

Est-ce donc à dire que la manière dont les rédacteurs du Code ont résolu cette question soit exempte de tous défauts? Telle ne saurait être notre pensée : mais aussi nous ne croirions pas devoir nous associer aux critiques véhémentes que nous venons de lire, critiques échappées à la plume d'un magistrat (Hureaux, *Etudes sur le Code civil*, tome III, liv. Ier) (B), et lorsque nous voyons traiter *d'œuvre de réaction* notre loi successorale, nous ne pouvons nous dispenser de protester. Le Code civil : une œuvre de réaction! Oh oui, une œuvre de réaction à l'égard de ces lois arrachées à une Assemblée aveuglée par la haine ou la peur, une œuvre de réaction contre les jours les plus néfastes de notre histoire, mais non pas, certes! contre les grands principes de 1789 qui, seuls, peuvent aujourd'hui faire la gloire et le salut de notre société moderne.

3. — En face de cette pénurie de dispositions positives, il nous semble que le plus sûr moyen de trouver le fil conducteur de ce labyrinthe consiste à jeter un coup d'œil rapide sur les législations antérieures : un résumé historique peut seul, croyons-nous, poser dans notre étude toute la lumière désirable. Mais avant de rechercher ce qu'était la séparation des

---

(B) L'époque à laquelle ce livre a été écrit (1851) expliquerait peut-être facilement la vivacité de certaines appréciations.

Patrimoines en Droit Romain, ce qu'elle est devenue en passant dans notre ancien Droit et dans le Droit intermédiaire, nous voudrions faire bien comprendre quelle est son utilité.

4. — Lorsque nous consentons à contracter avec une personne, nous avons dû nous assurer tout d'abord des garanties matérielles que nous offrait son patrimoine, des garanties morales que nous présentait son caractère ; nous avons tenu un compte sérieux de toutes ces considérations avant de nous résoudre à *suivre sa foi*, comme disaient nos anciens auteurs. Sans doute, si nous n'avons pas pris le soin de nous faire donner des sûretés spéciales, il pourra se faire, en définitive, que nous nous trouvions concourir avec un grand nombre d'autres créanciers, sur les biens d'un débiteur insolvable ; le plus souvent cependant nous aurons compté avec raison sur l'honorabilité de celui à qui nous avons prêté.

Mais voilà que la mort vient frapper notre obligé, et dès lors, voilà aussi son patrimoine, biens et charges, passés à des héritiers avec qui nous n'eussions peut-être pas voulu traiter. A la place d'un débiteur solvable, nous pouvons trouver un débiteur écrasé de dettes, jeté en pleine déconfiture, et qui cependant va devenir, par la force même des choses, l'obligé qu'il nous faudra poursuivre ; enfin, le patrimoine du défunt, confondu avec le sien, par l'effet de la saisine légale, va devenir aussi le gage de ses propres créanciers, de telle sorte qu'il ne sera pas impossible que nous, créanciers d'un défunt qui laissait largement de quoi payer ses dettes, nous ne touchions pas les sommes auxquelles nous avons droit, sommes que nous eussions très certainement reçues, si nous fussions restés en face de notre premier débiteur.

Eh bien, le législateur ne pouvait pas fermer les yeux devant une telle situation, et il vient à notre secours, en nous permettant de requérir la Séparation des Patrimoines, c'est-à-dire de demander que les biens de la succession ne se confondent pas avec ceux de l'héritier et restent dès lors, après le décès de notre débiteur, ce qu'ils étaient avant : le gage propre et exclusif de nos créances.

Ceci dit, nous pouvons maintenant aborder, en connaissance de cause, notre revue rétrospective.

RÉSUMÉ HISTORIQUE.

§ 1. — DE LA SÉPARATION DES PATRIMOINES EN DROIT ROMAIN.

5. — Cujas définit ainsi la Séparation : *Separatio est bonorum et creditorum aliorum ab aliis seorsum habita ratio.* (Paratitl. in lib. 42 tit. 6 ff. De separationibus).

Cette définition, quelque large qu'elle puisse paraître, est parfaitement exacte en Droit Romain, et l'on ne s'étonnera pas pas de sa généralité, lorsqu'on réfléchira que le titre du Digeste n'a pas seulement en vue la Séparation des Patrimoines demandée par les créanciers d'un défunt contre ceux de l'héritier, mais qu'il traite encore de trois autres (1), qui ne sont d'ailleurs pour nous ici d'aucun intérêt.

6. — Cette distinction des Patrimoines, qui a pour but de mettre les droits des créanciers héréditaires à l'abri du concours des créanciers d'un héritier *forte mediocris rel egeni.*

---

(1) Le titre *De Separationibus* du Digeste traite encore de la séparation accordée à l'*heres necessarius*, de celle à laquelle pouvait prétendre le patron héritier d'une affranchie et de celle que demandaient, relativement au *peculium castrense*, les créanciers d'un fils de famille.

(Cujas, *eod. loc.*) ne fut pas introduite à Rome par le pur droit civil. Trop près de la lettre de la loi, trop matérialiste dans les formes, il avait trop peu de souci de l'équité pour ne pas préférer suivre à outrance la logique. Ainsi va le droit au début des Sociétés : les hommes ont un tel désir d'échapper à l'arbitraire qu'ils s'inclinent, sans songer aux intérêts compromis, devant les règles écrites, n'osant ni les améliorer, ni les enfreindre.

C'est donc encore au Préteur Romain qu'il faut rapporter cette œuvre de justice ; ce fut le Droit Prétorien, dont la mission suprême semble avoir consisté à démanteler, un à un, tous les remparts derrière lesquels s'abritait la subtilité Romaine, qui créa la Séparation des Patrimoines : *Sciendum est*, dit Ulpien, *Separationem solere impetrari decreto Prætoris* (Loi 1, præ. ff. De separat.) ; aussi le droit de l'octroyer, de décider quand il y avait lieu d'accorder cet *indemnitatis remedium*, comme s'exprime un rescrit de l'Empereur Gordien (Loi 2, Cod. De bonis auctor.), resta-t-il dans les attributions du Préteur ou du Président des Provinces : *est jurisdictionis tenor promptissimus*, dit cette loi, qui ne permet d'ailleurs à ces magistrats de ne faire usage de ce pouvoir extraordinaire que *causâ cognitâ*.

7. — Le jurisconsulte Ulpien nous a fourni sur ce sujet les renseignements les plus étendus que nous ayons ; c'est lui qui nous apprend que le droit de demander la séparation appartenait aux créanciers héréditaires sous les conditions suivantes : 1° qu'ils fussent encore dans le délai utile pour se pourvoir ; 2° qu'ils n'eussent pas accepté l'héritier pour débiteur ; 3° que les biens du défunt ne se fussent pas confondus avec ceux de l'héritier.

Ce droit ne leur avait pas été, d'ailleurs, exclusivement réservé : deux textes, l'un de Papinien, l'autre de Julien (lois 4 et 6 ff. De separat.), prouvent péremptoirement que la même faveur était étendue, sous les mêmes conditions, aux légataires : et le texte de Papinien est d'autant plus remarquable que, dans les expressions qu'il emploie : *habere pignoris causam convenit*, on voit poindre l'hypothèque plus tard octroyée par Justinien sur les biens du défunt, pour sûreté des libéralités testamentaires. (Loi 1. Cod. Commun. de legat.)

8. — Que les créanciers héréditaires et les légataires pussent avoir intérêt à réclamer la séparation des patrimoines, cela se comprend aisément ; mais n'en devait-il pas être de même, en ordre inverse, des créanciers de l'héritier, alors que leur débiteur faisait adition d'une hérédité onéreuse ? Sans doute, cet intérêt eut existé, mais cette faveur ne leur avait pas moins été refusée, et nous devons ajouter que si ce refus nous semble peu équitable, il est cependant parfaitement juridique ; Ulpien lui-même va nous le faire comprendre : *licet alicui adjiciendo sibi creditorem, creditoris sui facere deteriorem conditionem.* (Loi 1. § 2. ff. De separat.) Mais ne pourrait-on pas hésiter, lorsque c'est *in fraudem creditorum* que l'héritier a fait adition ? Ulpien, lui, n'hésite pas, et à la question qu'il se pose il répond assez brutalement : *Nullum remedium est proditum : sibi enim imputent qui cum tali contraxerunt.*

Il ne faudrait pas, néanmoins, prendre cette réponse trop au pied de la lettre, car Ulpien lui-même indique un remède : *Nisi si extra ordinem putamus Prætorem adversus calliditatem ejus subvenire, qui talem fraudem commentus est : quod non facilè admissum est.* (eod. loc.) Ce remède était, en effet, l'action Paulienne : mais il n'est pas moins vrai de dire que, dans le Droit romain, la faculté de demander la séparation des patrimoines n'appartenait qu'aux créanciers héréditaires et aux légataires (2).

9. — Passons à l'examen des conditions requises. Nous avons

---

(2) Il en était cependant autrement lorsqu'un *heres fiduciarius* avait été contraint, conformément au sénatus-consulte Pegasien, de faire adition *jussu Prætoris*, et ne trouvait ensuite personne *cui restituat.* Un rescrit d'Antonin-le-Pieux lui permettait alors d'obtenir la séparation, et Ulpien étend ce droit à ses créanciers *licet ipse non desiderarit.* (Loi 1, § 6, Cod. tit.)

vu que les intéressés devaient être encore dans le délai utile pour se pourvoir : ce délai était de cinq ans sans distinction entre les meubles et les immeubles : il commençait à courir *post aditionem.* (Loi 1, § 13, Cod. tit.)

Le point de départ fixé par la loi précitée se conçoit parfaitement quand on se trouve en face d'un *heres extraneus* : mais il ne saurait s'appliquer lorsqu'il s'agit d'*heredes necessarii* qui acquièrent l'hérédité *sive velint, sive nolint*, comme le dit Gaius (Comm. II. — 153 et 157), et cela *omnimodo post mortem testatoris protinùs.* On sait, d'ailleurs, que le principe était le même pour les successions *ab intestato.* (Gaius. — Comm. II. — 157). Bien qu'aucun texte ne fixe catégoriquement le point de départ du délai quinquennal dans cette occasion, je crois qu'il n'est pas permis de douter qu'il se plaçât alors *post mortem defuncti* : est-ce que cette mort n'était pas pour l'*heres necessarius* ce qu'était l'adition pour l'*heres extraneus ?* Cette remarque m'a paru indispensable a faire, car elle seule nous pourra fournir la solution d'une question controversée en Droit français.

10. — Les demandeurs ne devaient pas avoir accepté l'héritier pour débiteur ; et, dans le système romain, cette condition était fondée, il faut bien le dire, sur la nature même des choses. Celui qui réclame la séparation prétend, en résumé, ne pas être confondu avec les créanciers de l'héritier ; or, si lui-même vient se placer au milieu d'eux, sa demande manque de base, elle doit être repoussée.

Mais dans quel cas pouvait-on dire que le créancier eût accepté l'héritier pour débiteur ? Ce n'était là et ce ne pouvait être qu'une pure question de fait, dont la solution devait varier infiniment, selon les espèces. Ulpien nous indique cependant les principaux cas dans lesquels cette solution devait être affirmative : *si ab herede novandi animo stipulati sunt, si ab eo satis acceperunt, si ab eo pignus acceperunt,* ce à quoi il ajoute : *sed et si usuras ab eo ea mente, quasi eum eligendo exegerunt : idem erit probandum* (loi 1, § 12, Cod. tit.). On a prétendu que

cette dernière solution se trouvait contredite par celle que nous
fournit le jurisconsulte Marcien : *Qui judicium dictaverunt
heredi. separationem quasi hereditarii possunt impetrare : quia
ex necessitate hoc fecerunt* (loi 7, Cod. tit.). Mais cette opinion,
jadis présentée par Despeisses, est, avec raison, combattue par
Dalloz (Diction. de jurisprudence, *verbo*, Sépar. des pat.); cet
auteur fait remarquer qu'Ulpien subordonne la décision à l'intention manifestée par le créancier : *ea mente quasi eum eligendo.*

Disons, toutefois, immédiatement, que, malgré les expressions : *novandi animo*, ce n'est pas qu'il ait jamais fallu une
véritable novation pour rendre le créancier non recevable en
sa demande : c'était là une question de fait et d'intention qu'il
appartenait au Préteur de résoudre, et voilà bien l'une des
raisons pour lesquelles la séparation des patrimoines ne pouvait être accordée que *causâ cognitâ.*

11. — Il fallait enfin que les deux patrimoines ne se fussent
pas confondus; on comprend en effet aisément que la séparation eût rencontré alors un obstacle matériel insurmontable.
Cette confusion, admise d'ailleurs assez facilement pour certaines espèces de biens, l'était au contraire très difficilement,
quand il s'agissait de *prædia, mancipia, pecora vel aliud quod
separari potest* (loi 1. §12, eod. tit.). La nature même des choses
dictait ces solutions.

12. — On peut se demander, avec d'autant plus de raisons
que nous retrouvons cette question dans notre Droit, si les demandeurs en séparation devaient agir contre l'héritier lui-
même ou contre ses créanciers. Bien que le Digeste ne renferme pas, non plus que le Code, la réponse à cette question,
je n'hésite pas à croire que la demande était formée contre
l'héritier personnellement : ce mode de procéder me paraît
ressortir nécessairement des doctrines d'Ulpien et de Paul,
dont je parlerai plus loin.

Il est vrai que tous les textes paraissent supposer que les
biens de l'héritier sont vendus : *patitur bonorum venditio. — et*

Tertii bona repeant, etc., etc. (Loi 1, § 1 et 8, eod. tit.). Mais je vois là, pour ma part, la constatation du fait justificatif de la demande, plutot qu'une indication des défendeurs à l'action. Si l'on veut surtout considérer que l'octroi de la séparation par le Préteur aura pour conséquence la *missio in possessionem* des créanciers à l'égard des biens héréditaires, on reconnaîtra, je pense, qu'il n'est pas possible de rendre en quelque sorte l'héritier étranger à cette procédure.

C'est qu'en effet le caractère de la Séparation des Patrimoines était bien loin d'être à Rome tel que nous le verrons dans notre Code : la place même qu'occupe au Digeste le titre : *De separationibus* prouve péremptoirement, comme l'a bien fait voir M. Cabantous (Revue de Législat., tom. IV, page 26), que la séparation constituait une voie d'exécution prétorienne contre l'héritier. Précédé du titre : *De rebus auctoritate judicis possidendis*, il est suivi du titre : *De curatore bonis dando* ; au Code, c'est même dans le titre : *De bonis autoritate judicis possidendis* et accessoirement à ce sujet qu'il est traité de la Séparation des Patrimoines ; et tout cela est très logique, car il s'agit ici d'une *possessio bonorum decretalis*, comme le démontre un texte précité d'Ulpien, c'est-à-dire d'une *possessio bonorum* qui, donnée d'abord *rei servandæ causâ*, se transforme, par un nouveau décret, en une autorisation de vente conformément à ce texte bien connu de la loi de la Gaule cisalpine (chap. 21) : *Prætor..... eosque duci, bona eorum possideri, proscribique, venireque jubeto*. Et c'est parce que la séparation des patrimoines est une voie d'exécution prétorienne, donnant aux créanciers qui l'exercent le *pignus prætorium* qui fait leur garantie contre les actes de l'héritier, droit de gage protégé lui-même par un interdit spécial (ff. 43. 4. Ne vis fiat ei qui) (3), c'est pour cela qu'il me parait évident que les demandeurs en séparation agissaient contre l'héritier et non contre ses créanciers.

---

(3) Ulpien dit, en effet : *Est autem generale hoc edictum : pertinet enim ad omnes, qui in possessionem à Prætore missi sunt ; convenit enim Prætori, omnes quos ipse in possessionem misit, tueri.* (Loi 1, § 2, eod. tit.)

13. — Il nous reste à voir quels effets produisait la séparation d'un coté quant à l'héritier, de l'autre quant aux créanciers.

L'adition a eu pour résultat de faire passer à l'héritier tout le patrimoine du défunt, c'est l'héritier qui maintenant va exercer les droits du *de cujus*, c'est contre lui que vont agir ceux qui pourraient en invoquer contre son auteur; l'héritier est devenu, en un mot, le continuateur de la personne juridique du défunt : quelle va être l'influence de la séparation sur cette situation?

Propriétaire de l'hérédité et de chacun des biens qui la composent, l'héritier, tant que le décret du Préteur n'est pas obtenu, peut en disposer à son gré; il peut aliéner les biens, aliéner même, selon Papinien, le *jus hereditarium* et ces actes, pourvu d'ailleurs qu'ils aient été faits de bonne foi, seront opposables aux créanciers. *Ab herede venditâ hereditate, separatio frustrâ desiderabitur*, disait le grand jurisconsulte, *utique si nulla fraudis incurrat suspicio. Nam quæ bonâ fide medio tempore per heredem gesta sunt, rata conservari solent.* (Loi 2, ff. De separat.)

J'avouerai cependant avoir peine à admettre cette doctrine, même en Droit romain, malgré la haute autorité qui s'y attache : c'est qu'en effet elle est bien absolue et ne me paraît tenir aucun compte, en une matière toute d'équité, des circonstances postérieures à l'aliénation. Lorsque le prix de vente a été payé, et s'est dès lors confondu avec les biens personnels de l'héritier, je conçois la théorie de Papinien : elle n'est que la conséquence d'un principe déjà énoncé. Mais quand le prix est encore dù, peut-on comprendre que cette somme d'argent, exacte représentation de l'hérédité, soit soustraite aux poursuites des créanciers? Je crois donc que ce serait exagérer les conséquences qui se déduisent du texte précité que de les pousser à cette extrémité; aussi bien Voët se refusait-il à les admettre : *Si tamen pretium rerum hereditariarum, vel etiam universæ hereditatis, ab emptore nondum solutum sit,* disait le jurisconsulte hollandais, *rationem non video cur non, pretii saltem respectu, separationis petendæ facultas superstit, dùm in judiciis universalibus pretium succedit loco rei.* Telle serait aussi ma conclusion.

Mais ce n'est pas tout, et cette loi a encore donné lieu à une autre difficulté dont je voudrais dire un mot. L'*emptor hereditatis* ne peut évidemment pas prendre les biens héréditaires sans acquitter les dettes qui les grèvent, il a du intervenir entre les parties, à cette occasion, ces *venditæ atque emptæ heredidatis stipulationes* dont nous parle Gaius en ses Instituts (Comment. II, § 252); eh bien! l'on peut se demander si les créanciers héréditaires n'avaient pas le droit de requérir la séparation, non plus contre l'héritier désaisi des biens, mais contre l'acquéreur qui les détenait. Je sais très bien que la vente n'a pas pour résultat d'effacer l'adition : *nihilominùs heres permanet* ; mais, en fait, si l'acquéreur n'est pas héritier, il est substitué à l'héritier ; c'est à son sujet qu'Ulpien nous dit : *Sicuti lucrum omne ad emptorem hereditatis respicit, ità damnum quoque debet ad eumdem respicere* (Loi 2, § 9, ff. De hered vel act. vend.); dès lors, ne semble-t-il pas qu'en équité cette voie d'exécution devrait être possible contre lui ?

Quelle que soit l'opinion qu'on adopte, dans notre Droit moderne, sur cette question, il ne semble pas permis d'hésiter à se prononcer, en Droit Romain, pour la négative. Les principes mêmes s'opposent formellement à toute autre solution, car les créanciers héréditaires n'ont pas d'action propre contre l'acquéreur, et s'il en est ainsi, ce qui est indiscutable, comment donc pourraient-ils demander la séparation ?

On trouvera peut-être que je me suis trop longuement étendu sur ces questions, mais nous devons les retrouver en Droit Français, et il n'était pas complétement inutile d'en indiquer l'origine.

14. — Si l'héritier pouvait aliéner les biens, tant que la séparation n'était pas obtenue, de même devait-il pouvoir, du moins dans le Droit primitif, les donner en gage ou les gréver

d'hypothèques, mais ce droit lui fut enlevé par un rescrit des Empereurs Sévère et Antonin, dont Ulpien semble nous avoir, pour partie, conservé le texte au Digeste : *etiamsi obligata res esse proponatur ab herede jure pignoris vel hypothecæ , attamen si hereditaria fuit, jure separationis hypothecario creditori potiorem esse cum, qui separationem impetravit* (Loi 1, § 3, ff. De separat.).

En résumé, jusqu'au moment où le magistrat a rendu son décret, l'héritier peut disposer des biens héréditaires, et s'il ne lui est pas loisible de les donner en gage ou de les hypothéquer, c'est là du moins la seule restriction apportée au principe général posé par Papinien : *Nam quæ bonâ fide medio tempore per heredem gesta sunt, rata conservari solent.*

15. — Mais lorsque le Préteur, en vertu de son *imperium*, a accédé à la demande des créanciers, en est-il encore de même ? Question importante s'il en fut ! en ce sens qu'elle se reproduit identique en notre Droit, où elle n'a pas cessé d'être l'objet des plus vives controverses. Bien que les lois de Justinien ne nous fournissent pas une solution explicite , je crois qu'ici l'hésitation ne serait pas permise: j'ai dit qu'à Rome la séparation des patrimoines est une véritable voie d'exécution qui, commençant par une *missio in possessionem*, finit par la vente des biens du défunt ; or, à mes yeux, cette *missio in possessionem* est absolument incompatible avec le droit de libre disposition de l'héritier.

D'ailleurs, qu'on veuille bien le remarquer, le texte précité de Papinien fournit un argument *à contrario* concluant, car ce ne sont que les actes faits par l'héritier *medio tempore* qu'il déclare opposables aux créanciers. Je tiens donc pour certain qu'une fois la séparation prononcée, l'héritier ne peut plus en rien porter atteinte aux droits de ceux qui sont admis à s'en prévaloir.

16. — A l'égard des créanciers et des légataires , le décret du magistrat non-seulement les protége et contre les actes de

l'héritier et contre le concours possible de ses créanciers personnels, mais il produit en outre d'importants effets ; toutefois, avant de les exposer, disons que la Séparation des Patrimoines n'a pas pour résultat de modifier leurs situations respectives.

Se sont-ils tous pourvus auprès du Préteur? Ils seront payés de leurs créances comme ils l'eussent été du vivant de leur débiteur ; c'est-à-dire que les créanciers à hypothèque privilégiée primeront tous les autres, comme ceux à hypothèque simple primeront les créanciers à privilége personnel, qui l'emporteront eux-mêmes sur les simples chirographaires, tous payés au marc le franc. Enfin, les légataires passeront les derniers , en vertu de cette règle de raison : *Nemo liberalis nisi liberatus.*

Que si, au contraire, les uns ont réclamé la séparation non demandée par les autres, ces derniers profitent bien de la *communis cautio*, s'ils se trouvent dans les conditions voulues ; mais dès qu'il n'en est plus ainsi, ils sont réputés avoir suivi la foi de l'héritier et se voient assimilés à ses créanciers personnels. Si d'ailleurs, parmi eux, il s'en trouvait qui eussent obtenu du défunt une hypothèque, il est clair que la séparation ne pourrait nuire à leur droit hypothécaire , car le rescrit des Empereurs ne saurait leur être applicable, puisque c'est *à defuncto* et non *ab herede* que le bien a été grevé en leur faveur.

17. — Pour obtenir la séparation des patrimoines, il était indispensable , avons-nous dit, de ne pas avoir accepté l'héritier pour débiteur : nous sommes dès lors porté à nous demander si, lorsque les biens héréditaires n'avaient pas suffi pour désintéresser les créanciers de la succession, ceux-ci pouvaient agir contre l'héritier personnellement pour le surplus de leurs créances.

Nous possédons trois textes qui répondent à cette question : deux, qui sont tirés d'Ulpien et de Paul, refusent absolument ce droit aux créanciers ; le troisième, qui émane de Papinien, le leur accorde en certains cas. Ecoutons-les *Item sciendum est vulgo placere*, dit Ulpien, *creditores quidem heredis, si quid superfuerit ex bonis testatoris, posse habere in suum debitum : creditores vero testatoris ex bonis heredis nihil* (Loi 4. § 17. cod. tit.). Et il va nous donner la raison de cette décision : *Separatio enim quam ipsi petierunt, eos ab istis bonis separavit.* (Loc. cit.)

Le jurisconsulte Paul dit à son tour : *Quod si proprii ad solidum pervenerunt, id quod supererit, tribuendum hereditariis quidam putant, mihi autem id non videtur : cùm enim separationem petierunt, recesserunt à personâ heredis et bona secuti sunt et quasi defuncti bona vendiderunt* (Loi 5. cod. tit.). Ainsi donc Ulpien n'a pas même l'air de soupçonner que la question puisse faire doute : *vulgo placere*, dit-il ; et si Paul annonce que quelques prudents soutiennent l'opinion contraire, il la combat du moins par des arguments identiques à ceux qu'Ulpien met en avant.

Parmi ceux qui n'avaient pas souscrit à l'opinion commune s'était cependant trouvé Papinien : *Sed in quolibet alio creditore qui separationem impetravit*, dit le grand jurisconsulte de Septime-Sévère, *probari commodius est, ut si solidum ex hereditate servari non possit, ità demùm aliquid ex bonis heredis ferat, si proprii creditores heredis fuerint dimissi : quod sine dubio admittendum est circà creditores heredis, dimissis hereditariis* (Loi 3. § 2, cod. tit.). Ainsi, tandis que suivant Ulpien et Paul, il n'y aurait *jamais* lieu d'admettre les créanciers du défunt à recourir sur les biens de l'héritier ; selon Papinien, il en serait autrement *dès que les créanciers de celui-ci ont été complétement désintéressés*, comme ces derniers peuvent se venger sur les biens de la succession, une fois que les créanciers de celle-ci ont été intégralement payés.

18. — L'antinomie est évidente : que signifie donc l'insertion de ces textes au Digeste ? Faut-il voir, dans l'énoncé de la doc-

trine de Papinien, le rejet de celle d'Ulpien et de Paul? Mais cela est bien impossible, puisque le même titre renferme les textes formels de ces jurisconsultes, tous deux postérieurs à Papinien. On sait avec quel peu de soin Tribonien et autres découpeurs jurés de Justinien, si j'ose ainsi dire, ont formé cette immense compilation des Pandectes : les commissaires byzantins remaniant, en Grecs dégénérés, le droit de la vieille Rome ont, sans critique aucune, inséré dans leur recueil des décisions contradictoires, et celles-ci sont de ce genre.

Il faut choisir pourtant : eh bien, il me paraît impossible de ne pas reconnaître la vraie doctrine du Droit Romain dans celle d'Ulpien et de Paul. D'une part, le texte de Papinien prouve que le jurisconsulte hésite, car c'est une opposition de termes bien remarquable que celle qui résulte des expressions par lui employées au sujet du droit des créanciers personnels de l'héritier : *quod* SINE DUBIO *admittendum est*, et de celles dont il se sert pour la solution de la question inverse : *probari commodius est*. D'autre part, Ulpien, postérieur à Papinien, présente son système pour communément reçu et le texte de Paul ne contredit pas absolument cette importante assertion.

Mais il y a plus : la décision de ces deux prudents est bien autrement conforme au génie particulier du Droit Romain que celle de Papinien; sans doute le but que s'est proposé le Préteur est de faire tomber les barrières élevées par la subtilité des ancêtres, mais le Droit Prétorien est encore le Droit Romain et ce serait une grande erreur de croire qu'il ait toujours su se soustraire à l'influence du milieu dans lequel il s'est produit.

49. — Cet exposé de la théorie romaine suffira, croyons-nous, pour démontrer que le titre : *De separationibus* du Digeste est, à quelques égards, le meilleur commentaire des art. 878 à 881 du Code Napoléon : nous pouvons à présent passer à l'étude de la Séparation des Patrimoines dans notre ancien Droit et dans le Droit intermédiaire.

§ 2. — De la Séparation des Patrimoines dans l'ancien Droit français.

20. — C'est évidemment dans le Droit Romain que notre ancienne jurisprudence a puisé l'idée de la Séparation des Patrimoines, mais combien elle l'a faite sienne par les modifications qu'elle a apportées à cette institution !

S'il fut d'abord nécessaire, pour l'obtenir, de se faire octroyer des lettres de chancellerie, cet usage du moins disparut bientot pour faire place à un autre beaucoup plus large : la séparation eut lieu de plein droit et *sans demande*, comme il appert du Traité des Successions de Lebrun (liv. IV, chap. I, sec. I, nᵒˢ 24 et 25), et du Traité des Hypothèques de Basnage (chap. XIII) ; c'est-à-dire qu'il suffit aux créanciers du défunt de l'opposer à ceux de l'héritier.

Et il n'y a point lieu de s'en étonner, après tout ; ainsi que le fait remarquer Pothier dans son Traité des Successions (chap. V, art. 4), la séparation des patrimoines est fondée sur la nature même des choses. Les créanciers de l'héritier ne peuvent avoir sur les biens de la succession plus de droits que l'héritier lui-même, or comme celui-ci n'en est saisi que sous l'obligation d'acquitter toutes les charges qui les grèvent ses ayants cause ne peuvent en rien tirer tant que ces charges ne sont pas intégralement acquittées.

21. — C'était à tous les créanciers du défunt, *quels qu'ils fussent*, dit Pothier, que notre ancien Droit permettait d'opposer la séparation des patrimoines : donc aussi aux créanciers conditionnels, qui pouvaient s'en prévaloir *au moins à l'effet que ceux de l'héritier ne pussent être payés sur les biens de la succession qu'en leur donnant caution de rapporter à leur profit, si la condition de leur créance arrivait* (Pothier, — loc. cit.). Et de même en était-il pour les créanciers hypothécaires, car la plupart des coutumes n'admettant pas que l'hypothèque

s'attachât aux biens meubles, ils avaient intérêt à la requérir pour écarter de ces biens les créanciers de l'héritier, comme aussi pour repousser ceux qui eussent été à même d'invoquer quelque privilége.

Aussi est-il à remarquer (et la remarque est importante) que les légataires qui avaient conservé, sous notre ancienne jurisprudence, l'hypothèque à eux octroyée par Justinien, ne jouissaient pas moins de la même faveur que les créanciers.

22. — Nous avons vu le Droit romain refuser aux créanciers personnels de l'héritier le bénéfice de la séparation ; les jurisconsultes français s'étaient montrés moins rigoureux, et il est indubitable que le droit de le réclamer leur avait été accordé. Chopin (*De Morib.*, liv. 3, tit. 3, n° 4), Leprêtre (*Centur. 1*, chap. 75), Boniface (liv. 3, tit. 3, chap. 7), le nouvel Albert (lett. A, chap. 15), Bretonnier sur Henrys (liv. 4, quest. 28), Domat (liv. 3, tit. 2), Basnage (Hyp., chap. 13), ne peuvent laisser aucun doute à cet égard. Il est même curieux de voir ce qu'un homme comme Domat pensait de la distinction romaine : *Le droit romain*, dit-il, *en avait disposé autrement et n'accordait pas la séparation aux créanciers de l'héritier, par cette raison qu'un débiteur ayant la liberté de s'obliger, il peut empirer la condition de ses créanciers par de nouveaux engagements à leur préjudice. Mais* CETTE SUBTILITÉ *n'a pas été gardée en notre usage : et on a jugé que la liberté que peut avoir le débiteur de contracter de nouvelles dettes, quoiqu'il en arrive du préjudice à ses créanciers, ne doit pas être tirée à une telle conséquence* (loc. cit.).

Il ne faudrait, néanmoins, pas croire que la doctrine romaine n'ait rencontré aussi des adhérents, et parmi les plus convaincus on peut citer Lebrun, qui ne voit dans cet usage que *quelque routine et mauvaise tradition dont les juges sont toujours en droit d'arrêter le cours* (liv. 4, chap. 2, sect. 1, n° 20), ce sur quoi il est d'ailleurs vertement repris par son annotateur, Espiard. De même aussi Pothier semble adopter l'opinion de

Lebrun, tout en reconnaissant cependant que la jurisprudence lui est contraire (Introd. au tit. 17 de la cont. d'Orléans, art. 3).

23. — Notre ancien Droit exigeait, du reste, des créanciers du défunt, demandeurs en séparation, l'accomplissement des conditions jadis imposées par les jurisconsultes romains : il faut constater, toutefois, que si les pays de Droit écrit s'étaient approprié le délai de cinq ans du Digeste, les coutumes l'avaient, au contraire, rejeté, et Pothier, d'accord ici avec Domat et Lebrun, nous dit très nettement que *notre droit n'ayant fixé aucun temps, la séparation des patrimoines peut toujours être demandée tant que les biens peuvent se reconnaître* (loc. cit.).

Lorsque la confusion des deux patrimoines ne s'est pas opérée, les créanciers et légataires peuvent obtenir cette séparation ; il en résulte que ce droit cesse de leur appartenir dès que l'héritier aliène les biens, car, dit Domat, *ils n'ont point acquis un droit de propriété par la mort du défunt* (liv. 3, tit. 2, sect. 1, art. 5, note F). Mais le gage ou l'hypothèque consenti par lui ne leur est point opposable, car, dit toujours Domat, *la séparation a lieu tant que la propriété demeure à l'héritier, et cet engagement ne l'en prive pas* (loc. cit., art. 6). Cette dernière solution peut d'ailleurs être critiquée.

24. — Enfin, quant aux effets de la séparation sur la position respective des créanciers et des légataires, la doctrine de notre ancien Droit fut celle du Droit romain ; mais il la rejeta, du moins en un point important, car il adopta, contre Ulpien et Paul, l'opinion de Papinien. Il admit donc les créanciers héréditaires à s'attaquer aux biens propres de l'héritier, lorsque les créanciers personnels de celui-ci se trouveraient complétement désintéressés.

25. — On doit voir maintenant quelles immenses modifications notre vieille jurisprudence avait apportées à la théorie romaine : voie d'exécution à Rome, la séparation des patrimoines, en passant en France, n'y a plus été qu'une simple

mesure conservatoire et nous constaterons que c'est aussi ce dernier caractère qu'elle a revêtu parmi nous. A Rome, la séparation des patrimoines était une mesure collective produisant ses effets au profit de tous les créanciers du défunt restés tels; en France, elle devint purement individuelle, ne protégeant que ceux qui s'en prévalaient.

Ce changement radical fut-il un bien? Quoi qu'on ait dit de la séparation collective (Blondeau, de la Sépar. des pat., page 478), nous ne saurions, pour notre part, admettre que le système de notre ancien Droit lui fût préférable ; et si, sous l'empire du Code Napoléon, nous donnons, avec l'éminent auteur, le pas à la séparation individuelle, c'est que les art. 2111 et 2113 nous paraissent avoir obvié très sérieusement aux incontestables inconvénients qu'elle présentait.

§ 3. DE LA SÉPARATION DES PATRIMOINES DANS LE DROIT INTERMÉDIAIRE.

26. — Notre législation intermédiaire n'a rien fait pour la séparation des patrimoines et malgré les réformes aussi considérables que nombreuses dont elle portait le germe en son sein, elle la laissa telle qu'elle l'avait trouvée.

La loi du 9 messidor an III qui posa la première pierre du système hypothécaire moderne ne la mentionne même pas ; chacun sait d'ailleurs que cette loi beaucoup trop décriée, selon nous, resta à l'état de lettre morte et ne fut jamais mise en vigueur.

La loi du 11 brumaire an VII parla incidemment de la séparation et l'art. 14 du chapitre V, chapitre dans lequel se trouvaient exposés les effets des priviléges et hypothèques, se terminait par ces mots : *Le tout sans préjudice du droit qu'ont les créanciers des personnes décédées et les légataires , de demander la distinction et la séparation des patrimoines , conformément aux lois.* Or ces lois n'étaient autres que les lois romaines modifiées comme nous l'avons dit : aussi la Cour de cassation n'at-elle jamais hésité à reconnaitre aux créanciers d'une personne décédée sous l'empire de la loi du 11 brumaire an VII, le droit de se prévaloir, indépendamment de toute inscription, de la séparation des patrimoines et de l'opposer aux créanciers même privilégiés ou hypothécaires de l'héritier, encore que ceux-ci se fussent conformés, pour la conservation de leurs droits, aux prescriptions de la loi nouvelle. (Cass.— 22 Janv. — 8 Déc. 1806.)

DE LA SÉPARATION DES PATRIMOINES

SOUS L'EMPIRE DU CODE NAPOLÉON.

27. — Nous voici arrivé au Droit moderne : le Résumé historique que nous venons de présenter va nous permettre maintenant d'aborder avec plus de confiance le sujet de notre Thèse et à cet effet, nous diviserons notre Etude en trois sections.

Dans la première nous verrons par qui, contre qui et comment peut être demandée la séparation des patrimoines.

Dans la seconde, quelles sont les causes de la déchéance qui peut frapper les créanciers et quels biens peut atteindre la séparation.

Dans la troisième, nous traiterons des formalités auxquelles doivent recourir les créanciers pour conserver le privilége qui leur est accordé par la loi et enfin nous exposerons les effets de la séparation des patrimoines.

I

Par qui, contre qui et comment peut être demandée la Séparation des Patrimoines.

§ 1. — PAR QUI LA SÉPARATION DES PATRIMOINES PEUT ÊTRE DEMANDÉE.

28. — L'art. 877 du Code Napoléon édicte ce qui suit : *Les titres exécutoires contre le défunt sont pareillement exécutoires contre l'héritier personnellement, et néanmoins les créanciers ne pourront en poursuivre l'exécution que huit jours après la signification de ces titres à la personne ou au domicile de l'héritier* (4).

Sans se rapporter directement à notre sujet, cet article est cependant indispensable à connaître, car il fait tout d'abord naître une question importante à résoudre ; l'art. 878 est, en effet, ainsi conçu : *Ils peuvent demander dans tous les cas, et contre tout créancier, la séparation du patrimoine du défunt d'avec celui de l'héritier.*

Si l'on s'attachait exclusivement à la lettre de la loi, l'on dirait que le pronom *ils* s'appliquant aux créanciers dont

---

(4) Il en était autrement dans notre ancienne jurisprudence et c'était une maxime de notre Droit coutumier que *le mort exécute le vif, mais le vif n'exécute pas le mort.* (Loysel. Inst. Cout. liv. VI, tit, 5, règl. 2, n° 89). Il faut pourtant reconnaître que certaines provinces, Normandie, Provence et Bourgogne en usaient autrement et déclaraient directement exécutoires contre l'héritier les actes qui l'étaient contre le défunt. L'art. 129 des Placités de Normandie de 1666 était formel à cet égard (Basnage. Traité des Hyp. chap. 13) ; les art 65 et 66 de l'Ordonnance de Villers-Cotterets (août 1539) le décidaient également, sauf certaines réserves, mais celle-ci paraît avoir été abrogée par la Déclaration du 4 mars 1549, rendue par Henri II sur les remontrances des Parlements (Pothier. — Traité de la Procéd. liv. Part. IV, chap. II, sect. 2, § 5) et dans tous les cas le Parlement de Paris, tout en admettant que l'adition eût personnellement obligé l'héritier, ne considérait les biens propres de celui-ci comme soumis à l'hypothèque que par un jugement de condamnation ou l'obtention d'un titre nouvel. (Brodeau sur Louët, — Lett. H, n° 19).

s'occupe l'art. 877, le droit de demander la séparation appartient à ceux-là seuls qui sont porteurs d'un titre exécutoire contre le défunt; mais on arriverait ainsi à une décision démentie par toutes les traditions historiques.

On n'a sans doute pas oublié que, dans notre ancien Droit, tous créanciers, quels qu'ils fussent, selon le mot de Pothier, jouissaient de cette faculté, et qu'il en était de même à Rome ; or, si l'on remarque que l'art. 878 accorde cette faveur aux créanciers *dans tous les cas*, on sera, je crois, obligé de conclure que le législateur a sacrifié ici à un misérable intérêt de style la clarté si nécessaire pourtant de ses dispositions. Il faut donc tenir pour certain que le droit de demander la séparation n'est point subordonné à la possession d'un titre *exécutoire* : mais l'est-il du moins à celle d'un titre quelconque. Je n'hésite pas à répondre négativement : nous avons vu qu'en passant en France la vieille séparation du Droit romain avait perdu son caractère d'acte d'exécution pour revêtir celui d'acte purement conservatoire ; or, c'est un principe constant que tout créancier peut, dans tout les cas et quelle que soit sa position, prendre les mesures conservatoires de son droit.

29. — Si donc tout créancier jouit de la faculté consacrée par l'art. 878, il est de toute évidence qu'il n'y a, en principe, aucune distinction à établir entre les créanciers privilégiés, hypothécaires ou chirographaires, entre ceux qui se sont fait concéder par le défunt une sûreté spéciale comme un droit de gage, d'antichrèse, ou qui ont obtenu de lui une caution, et ceux qui ont cru pouvoir se fier uniquement à son crédit personnel.

30. — Mais si nous reconnaissons à tous créanciers privilégiés ou hypothécaires le droit de demander la séparation des patrimoines, il importe du moins de rechercher quel intérêt ils peuvent avoir à s'en prévaloir, et dans ce but de distinguer entre ceux qui sont nantis d'un privilége et ceux qui n'ont à opposer qu'une simple hypothèque.

On sait que les priviléges sont généraux ou spéciaux, que

les premiers se trouvent énumérés dans l'art. 2101, s'étendent sur la généralité des meubles et subsidiairement sur les immeubles, et sont dispensés d'inscription par l'art. 2107. Or, si l'on considère un créancier pourvu d'un tel privilége, il semble, à première vue, que la séparation ne lui est d'aucune utilité, puisque le patrimoine du défunt ne passe à l'héritier que grevé d'un droit réel opposable à ses créanciers. Nulle conclusion ne serait plus erronée, par l'excellente raison que le principe qui lui sert de base est lui-même erroné ; non ! le privilége invoqué par le créancier du défunt n'est pas opposable à tous les créanciers de l'héritier. Ce privilége le garantit bien contre les prétentions de tous ceux qui ne peuvent pas prétendre à la même cause ou à une cause meilleure de préférence, mais il ne le garantit pas contre les autres; aux termes de l'art. 2096 : *Entre les créanciers privilégiés, la préférence se règle par les différentes qualités des priviléges*, donc tous ceux qui, tenant leurs droits de l'héritier, se trouveront, dans l'énumération de l'art. 2101, précéder l'ayant cause du défunt, devront l'emporter sur lui, s'il ne se prévaut de sa qualité toute spéciale de créancier héréditaire. De même, d'après l'art. 2097 : *les créanciers privilégiés qui sont dans le même rang sont payés par concurrence*; donc, s'il n'oppose la séparation des patrimoines, il devra concourir avec les créanciers de l'héritier que l'article 2101 place dans une situation identique à la sienne. On voit dès lors que, bien que peu sérieux en fait, l'intérêt existe en droit et ne permet pas de faire une exception que rien ne justifierait.

A l'égard des créanciers qui ont un privilége spécial soit sur certains meubles (art. 2102), soit sur les immeubles (art. 2103), le doute n'est pas permis, car il est évident qu'en dehors du gage spécial que la loi leur accorde, ils ont en outre, conformément à l'art. 2092, tout le patrimoine du défunt pour gage général de leurs créances, et que, dans telle hypothèse donnée, il peut très souvent être pour eux indispensable de mettre leurs droits sur le surplus des biens à l'abri du concours des créanciers de l'héritier.

31. — Si maintenant nous passons aux créanciers hypothécaires, nous devons tout d'abord remarquer que le Code Napoléon ayant reproduit, dans l'art. 2119, la maxime : *meubles n'ont pas de suite par hypothèque*, jadis admise par la généralité des coutumes, il n'y a pas un seul d'entre eux qui n'ait intérêt à enlever aux créanciers de l'héritier la possibilité de venir avec lui au marc le franc sur le mobilier de la succession ou même de faire valoir des priviléges qui le primeraient.

Ainsi donc, quand on réduit la question aux proportions que nous indiquons, la solution en est très facile, mais lorsqu'on demande si de tels créanciers ont, quant aux biens mêmes sur lesquels porte l'hypothèque, intérêt à requérir l'inscription conservatoire de leurs droits dont parle l'article 2111, la réponse ne ressort plus aussi directement des principes généraux du Droit. Ce n'est pas encore le moment de nous occuper de ce problème que nous retrouverons plus loin et que nous essayerons alors de discuter sous toutes ses faces (n°s 125, 126 et 127).

Ce que nous venons de dire des créanciers privilégiés et hypothécaires est vrai *à fortiori* de l'antichrésiste et du créancier dont le payement est garanti par l'engagement accessoire d'une caution.

32. — Nous avons dit que tout créancier pouvait, d'après l'article 878, réclamer la séparation des patrimoines, il n'y a donc pas d'exception à faire pour celui qui se trouve créancier à terme, quand le terme n'est pas échu, non plus que pour le créancier conditionnel : encore une fois, la séparation est une simple mesure conservatoire et le créancier conditionnel (art. 1180) comme, à plus forte raison, le créancier à terme, peut faire valablement de tels actes.

33. — Il peut arriver qu'une personne se trouve à la fois héritière et créancière du défunt : il est clair que si elle succède *ex asse* à celui-ci, sa créance se trouve éteinte par confusion (art. 1300) et que dès lors toute demande de séparation

formée par elle serait sans objet. Mais si l'on suppose, au contraire, qu'elle succède pour partie, on est conduit à rechercher si elle peut, comme tout autre créancier, se prévaloir de l'art. 878 quant à la partie de sa créance que la confusion n'a pas éteinte.

Le Droit Romain avait prévu cette question et y avait répondu ; nous trouvons en effet au Code un rescrit des empereurs Dioclétien et Maximien, ainsi conçu : *Si uxor tua pro triente patruo suo heres exstitit, nec ab eo quicquam exigere prohibita est, debitum à coheredibus pro besse petere non prohibetur : cùm ultrà portionem quà successit, actio non confundatur. Sin autem coheredes solvendo non sint, separatione postulatá, nullum ei damnum fieri patiatur.* (Loi VII. Code. *De bonis auctor.*) Ces principes sont toujours vrais et la combinaison des art. 870 et 1300 en fournit la preuve péremptoire.

Dufresne (de la Sépar. n° 13) a cependant fait une objection à cette doctrine : applicable, selon lui, après que le partage a eu lieu, elle ne le serait pas pendant l'indivision, car le prélèvement fait, avant la formation des lots, par le cohéritier créancier du défunt lui enlèverait alors tout intérêt à demander la séparation. Il y a dans cette objection tout à la fois une erreur et une vérité : sans doute, en tant qu'il ne s'agit que des cohéritiers, la séparation est absolument inutile, mais M. Dufresne a oublié que le prélèvement dont il parle ne se peut pas effectuer, lorsque la séparation est réclamée par d'autres créanciers du défunt, et que le cohéritier, dans ce cas et pendant l'indivision, a intérêt à se prévaloir d'un privilége qu'on ne tarderait pas à lui opposer à lui-même. Inutile donc, quant aux rapports des cohéritiers entre eux, la séparation serait bien loin de l'être vis-à-vis des autres créanciers de la succession.

34. — Le Droit Romain s'était encore préoccupé d'une situation qui peut se réaliser assez fréquemment : celle du débiteur principal devenu héritier de la caution, et il s'était demandé si le créancier pouvait requérir la séparation des patrimoines.

Sa réponse avait été affirmative et le motif qu'il en donne est bon à remarquer : *neque enim ratio juris quæ causam fidejussionis propter principalem obligationem, quæ major fuit, exclusit, damno debet adficere creditorem qui sibi diligenter prospexerat.* (Loi 3, ff. De separat.).

L'hypothèse inverse, c'est-à-dire celle où la caution succéderait au débiteur principal doit, pour les mêmes raisons, recevoir une solution identique : c'était déjà ce qu'enseignait Domat (Liv. III, tit. 2, sect. 1).

35. — Le Droit Romain s'était enfin posé la question de savoir ce qui devait advenir, lorsque les biens héréditaires passaient par une voie de transmission, de l'héritier à celui qui lui succède, et il décidait (Loi I, § 8. ff. de separat.) que la séparation peut aussi bien être demandée à l'égard de l'héritier médiat que de l'héritier immédiat. Cette doctrine, reproduite par Domat dans notre ancien Droit, doit encore être admise aujourd'hui : il va de soi d'ailleurs que la confusion des patrimoines serait un obstacle insurmontable à l'existence du privilége.

36. — Les quatre articles qui, dans le Titre des successions, ont trait à la séparation des patrimoines ne mentionnent pas les légataires parmi ceux à qui ils accordent le droit de s'en prévaloir ; mais l'article 2111 du Titre des priviléges répare cette omission qui eût été inconcevable, car, vis-à-vis de l'héritier, les légataires sont de véritables créanciers, et il y a bien long-longtemps que le jurisconsulte Florentinus a dit du legs qu'il était *delibatio hereditatis.* D'ailleurs, nous avons vu le Droit Romain et notre vieille jurisprudence mettre, à cet égard, les légataires sur le même pied, que les créanciers : il n'y avait aucune raison pour rompre avec ces traditions.

Mais puisque nous parlons des légataires, il nous faut tout d'abord bien faire voir quels sont leurs droits, et, dans ce but, prendre parti sur une question très controversée : celle du maintien ou du rejet, par les auteurs du Code Napoléon, de l'hypothèque concédée jadis par Justinien. Il est clair, en effet, que, selon qu'on se prononce dans un sens ou dans l'autre, les légataires se trouvent avoir deux moyens ou un seul, pour assurer le payement des libéralités dont ils ont été gratifiés.

L'immense majorité des commentateurs du Code ne fait aucune difficulté de reconnaître un droit hypothécaire aux légataires; mais MM. Aubry et Rau ont combattu cette doctrine (tome VI, § 722, note 21) et l'ont, jusqu'à un certain point, ébranlée, en raison de la haute autorité qui s'attache si justement aux opinions soutenues par les savants professeurs de la Faculté de Strasbourg : il importe donc essentiellement d'apprécier la valeur des arguments qu'ils ont présentés contre elle.

37. — Ce fut Justinien qui, par la Constitution I, au Code (*De legat. et fideicom*), accorda, nous l'avons déjà dit, aux légataires, contre tous débiteurs des legs, une hypothèque née par conséquent *ex ipsâ lege* et portant sur les biens du testateur. Cette hypothèque avait pour but *ut omnibus modis voluntati testatoris satisfiat* et passa dans notre droit coutumier ; il est vrai que certains jurisconsultes, comme Loyseau et Renusson, regardaient l'authenticité du testament comme la condition essentielle de son existence; mais la presque totalité des auteurs la concédait aux légataires dans tous les cas : telles sont les traditions.

Lors de la rédaction du Code Napoléon, le projet renfermait trois articles ayant trait à cette matière; les art. 99 et 100 du titre des Donations et Testaments étaient ainsi conçus : *Art. 99. — Les héritiers ou débiteurs d'un legs sont personnellement tenus de l'acquitter, chacun au prorata de la part et portion dont ils profitent dans la succession. Ils en sont tenus* HYPOTHÉCAIREMENT *pour le tout jusqu'à concurrence de la valeur des immeubles de la succession dont ils sont détenteurs.*

Art. 100. — L'hypothèque des légataires est légale : elle résulte de la donation valablement faite, même sous signature privée.

3

mariage de l'héritier a été célébré ou qu'une tutelle lui a été déférée ; sans prendre, dis-je, encore parti sur ce point, je puis du moins faire remarquer que l'inscription de l'article 2111 a pour but de conserver le privilège de la séparation des patrimoines à l'encontre des créanciers de l'héritier ; que, dès lors, la séparation se trouvant produite, le conjoint ou le pupille de celui-ci ne peut pas prétendre avoir pour gage de sa créance un bien qui, quant à lui, est réputé non entré dans le patrimoine de son débiteur. L'hypothèque légale de ses créanciers, bien que générale, bien que remontant même, si l'on veut, à une époque antérieure au décès, ne peut pas affecter des immeubles que la séparation maintient, quant à eux, dans le patrimoine du défunt.

50. — Nous voici arrivé à une question qui divise la doctrine et que n'a pas encore formellement tranchée une jurisprudence constante : la séparation des patrimoines qui peut se demander contre les créanciers de l'héritier, peut-elle être réclamée contre l'héritier lui-même?

Nous avons vu qu'en Droit romain l'affirmative n'était pas douteuse, et nous avons même pensé que les créanciers du défunt agissaient nécessairement contre l'héritier ; notre ancienne jurisprudence avait admis la théorie du Droit romain, et dès lors les traditions historiques sembleraient justifier encore aujourd'hui une solution affirmative. Cependant un parti considérable dans la doctrine s'est prononcé pour la négative, alors que la majorité des Cours impériales penchait pour l'application de l'ancien principe ; enfin deux systèmes éclectiques ont été proposés, l'un par la Cour de Paris, l'autre par l'éminent doyen de la Faculté de Caen.

51. — MM. Aubry et Rau (tome V, § 619, note 12) professent, ainsi que M. Duranton (tome VII, 488), la première opinion : elle est fondée sur le texte précis de l'art. 878 et sur le principe que l'héritier ne saurait, en cette matière, être considéré comme le représentant de ses créanciers, attendu que ceux-ci,

étant seuls à souffrir de la séparation, doivent, seuls aussi, pouvoir contredire à la demande.

Voilà l'argument de droit; voici l'argument de fait. L'exercice de l'action en séparation des patrimoines n'étant soumis, quant aux immeubles, à aucun délai fatal, les créanciers de l'hérédité se trouveront toujours en temps utile pour l'introduire, lorsque ceux de l'héritier se feront connaître. Quant aux meubles, l'action en séparation est, il est vrai, non recevable après l'expiration d'un délai de trois ans, mais il est *peu probable* que les créanciers de l'héritier demeurent inconnus pendant tout ce temps, et si, par extraordinaire, il en devait être ainsi, les créanciers du défunt se trouveraient relevés de toute déchéance en vertu de la règle ; *Contrà non valentem agere non currit præscriptio*.

L'argument tiré de l'art. 878 me semble d'autant moins concluant, que j'essayerai d'établir qu'aucune demande en justice n'est nécessaire pour créer la séparation des patrimoines, mais de plus on peut remarquer que les mêmes termes étaient employés par nos anciens auteurs qui n'en tiraient pas cependant les mêmes conséquences. Et quant à la proposition que les créanciers de l'héritier sont seuls à souffrir de la séparation et ne peuvent dès lors être représentés par leur débiteur, elle n'est rien moins que solide, car le contraire ressort manifestement de l'art. 2111, puisque l'héritier se trouve privé du droit de conférer, sur les biens de la succession, aucune hypothèque opposable aux créanciers du défunt.

Enfin, MM. Aubry et Rau déclarent qu'il est *peu probable* que les créanciers de l'héritier restent trois ans sans se faire connaître : je suis, pour ma part, d'un avis diamétralement opposé et le contraire me semble beaucoup plus vrai. D'une part, mille causes peuvent ne pas leur permettre de demander leur payement, comme s'ils sont créanciers à terme ou conditionnels, ou bien encore s'il s'agit de rentes dont l'héritier paye exactement les intérêts ; de l'autre, alors même qu'il n'en serait pas ainsi, bien loin d'avoir intérêt à se produire, ils en ont un très sérieux à se dissimuler, puisque c'est pour eux le seul moyen d'acquérir des droits sur le mobilier de la succession.

Les savants professeurs de la Faculté de Strasbourg pensent encore que les créanciers du défunt qui auraient laissé écouler trois ans sans agir, pourraient être relevés de la déchéance édictée par l'art. 880. Je ne puis absolument pas souscrire à cette proposition. D'une part, le délai dont il s'agit ne constitue pas une prescription mais bien une déchéance ; il est dès lors préfix et invariable, ce qui est tout à fait logique, puisqu'après l'expiration des trois ans, la confusion des deux mobiliers est de plein droit réputée exister. D'autre part, je dirai que, pour établir une doctrine, il ne faudrait pas se baser sur un principe très contesté lui-même et que le législateur n'ayant nulle part écrit la maxime précitée, alors cependant qu'il a pris la peine de déterminer expressément dans la section 2, chapitre IV du Titre XX, les causes de suspension de la prescription, il m'est impossible d'admettre qu'il l'ait conservée dans la mesure absolue qu'on lui donne.

52. — La jurisprudence, à son tour, se range à une opinion tout à fait opposée. Pour elle l'argument déduit de l'art. 878 est insignifiant, non pas pour les motifs que nous alléguions tout à l'heure, mais parce que le texte ne prohibe pas l'action contre l'héritier, qu'il constate bien plus le résultat de la demande qu'il n'en règle la forme.

Elle fait enfin ressortir le danger présenté par la doctrine adverse et après avoir invoqué les arguments que nous mettions nous-mêmes en avant pour combattre le système de MM. Aubry et Rau, elle se demande ce qui arrivera, dans l'opinion opposée, si l'héritier n'a pas de créanciers au moment de l'ouverture et qu'il soit un dissipateur, incapable de bien administrer, devant avoir demain les dettes qu'il n'a pas aujourd'hui. Elle se demande encore quels frais énormes ne vont pas être occasionnés au plus grand dommage de toutes les parties, s'il faut mettre en cause dix, vingt, trente créanciers peut-être.

53. — La Cour de Paris, suivie par M. Dufresne, a, dans son arrêt du 31 juillet 1852, distingué s'il y a ou non des créanciers connus : au premier cas, la demande doit être formée contre les créanciers ; au second, elle peut l'être contre l'héritier.

Au premier abord, cette doctrine éclectique paraît rationnelle, mais elle ne trouve de soutien ni dans les textes, ni dans les traditions : nous demanderons, dès lors, sur quoi elle repose.

54. — M. Demolombe (tome V, n° 138 et suiv.) ne se rallie à aucune de ces opinions. Selon le savant professeur, l'action à fin de séparation ne peut être formée contre l'héritier lui-même, d'abord parce que l'article 878 existe et y résiste énergiquement, ensuite parce que la séparation étant un privilége, elle ne se peut exercer qu'entre créanciers d'un même débiteur qui, dès lors, n'a pas capacité pour représenter les uns dans une instance engagée par les autres. Mais il accorde aux créanciers du défunt le droit de recourir à des mesures conservatoires qui leur épargneront la déchéance de l'art. 880. Quant aux immeubles, l'article 2111 indique celles qui sont tout à la fois possibles et nécessaires ; mais pour les meubles, la loi est muette, et si les créanciers du défunt peuvent bien requérir l'apposition des scellés ou y former opposition, faire procéder à la confection d'un inventaire ou y intervenir, former enfin des saisies-arrêts, il est vrai de dire que ce sont là des mesures conservatoires du droit de créance lui-même et non pas du droit de demander la séparation des patrimoines.

En conséquence, M. Demolombe accorde-t-il aux créanciers désireux de conserver le bénéfice légal de l'art. 878 la faculté d'agir contre l'héritier, afin de faire décider contre lui qu'ils entendent se réserver le droit de la séparation des patrimoines.

53. — Je crois qu'il y a dans le système de M. Demolombe un fonds de vérité très sérieux ; avec lui je pense qu'il y a, dans toutes les opinions, confusion de deux idées très distinctes, mais je crois en plus que cette confusion à laquelle l'éminent doyen ne me paraît pas avoir lui-même complétement échappé, tient surtout à l'idée profondément enracinée qu'une instance judiciaire est nécessaire pour créer la séparation des patri-moines.

Qu'est-ce donc que cette séparation ? Un privilége ! or, un privilége est essentiellement légal : il ne se demande pas il s'oppose. Sans doute s'il est méconnu, il faudra bien agir en justice pour le faire reconnaître ; mais le jugement ne le crée pas, il ne fait qu'en constater l'existence ; donc s'il s'agit de s'en prévaloir, nul doute que ce ne soit seulement aux créanciers de l'héritier qu'on le puisse opposer, et je dis, avec la première opinion, que cela ressort de la nature même de la séparation, que les articles 878 et 2111 ne font qu'exprimer une vérité in-discutable.

Mais ce n'est point de cela qu'il s'agit ici : ce que demandent les créanciers, ce n'est pas l'octroi d'un droit qu'ils puisent di-rectement dans la loi ; ce qu'ils veulent, c'est conserver ce droit qui leur appartient, qui, accessoire de leurs créances, est dès aujourd'hui dans leurs patrimoines. Si donc la première opinion était conséquente avec elle-même, il faudrait qu'elle en vînt à refuser aux créanciers la faculté de s'inscrire, confor-mément à l'art. 2111, sur les immeubles héréditaires, tant que la justice ne les a pas mis en possession de ce droit, qu'ils réclament ; car pour conserver un droit, encore faut-il qu'il existe déjà à notre profit. Mais ce système recule devant cette conséquence contenue toute entière cependant dans les prémisses qu'il pose et sans doute il a raison, bien que ce défaut de logique en démontre le vice capital.

De même quand la seconde opinion exige une action en jus-tice pour l'existence de la séparation des patrimoines, elle se condamne elle-même, car jamais les principes les plus certains du Droit ne lui permettront d'établir que l'héritier puisse représenter, dans une instance, une catégorie de créanciers contre lesquels le privilége qui en naîtra aura son effet le plus direct.

Pour nous au contraire, le privilége existe indépendamment de toute action en justice, il existe par lui-même et il ne s'agit que de le conserver pour atteindre ce but, c'est contre l'héritier nécessairement qu'il faut agir, c'est à lui qu'il faut s'adresser toujours et quand même, car si le privilége ne lui est pas opposable, c'est sur lui qu'il existe en quelque sorte, ce sont ses biens qui en sont grevés.

M. Barafort (nº 40) déclare ne pas comprendre la différence qu'il peut y avoir entre l'action à fin de séparation des patrimoines qui, elle, ne se pourrait pas intenter contre l'héritier et l'action à fin de conservation du privilége dont l'exercice contre l'héritier serait possible. La différence est assez sensible cependant, bien que M. Demolombe ne l'ait peut-être pas suffisamment fait ressortir. Comment l'héritier pourrait-il représenter une partie de ses créanciers dans une instance formée par d'autres, si cette instance avait pour but de créer au profit de ceux-ci un privilége contre ceux-là ? Telle est la question à laquelle il faut répondre et à laquelle la jurisprudence ne répondra jamais, parce que l'impossibilité juridique est évidente. Est-ce que les créanciers personnels de l'héritier ne sont pas de véritables tiers, dès qu'on prétend faire naître contre eux un privilége ? Et si, en cette occasion, ils ne sont plus les ayants cause de l'héritier, comment ce dernier pourrait-il bien les représenter ?

Mais si l'on admet qu'il ne s'agit que de conserver un privilége existant, la question change absolument de face et de même que les créanciers peuvent directement s'inscrire sur les immeubles, sans mettre en cause ceux à qui ils opposeront leur privilége ; de même ils peuvent agir contre l'héritier pour conserver leur privilége sur les meubles ; et à mon avis, c'est toujours contre lui qu'il faut agir, parce que ce sont les meubles qu'il faut atteindre et que les meubles sont dans ses mains.

En définitive et sauf désaccord sur un point, j'arrive à un résultat analogue à celui qu'obtient la jurisprudence ; mais alors, va-t-on-dire, vous reconnaissez donc aux créanciers le droit de requérir la séparation, lorsque l'héritier n'a aucun créancier ? Oui sans doute , et il est bien clair que s'il en advient par la suite, ceux-là du moins ne pourront pas prétendre n'avoir pas été représentés. Comment ! voilà un héritier besoigneux et dissipateur qui attend le moment favorable pour dilapider les valeurs mobilières de la succession , valeurs qui , seules peut-être, forment le gage des créanciers héréditaires et ceux-ci devront rester là, en face de lui, impuissants à conjurer leur ruine ! Oui, répondent certains auteurs, la séparation des patrimoines n'est pas une panacée contre tous les maux ; elle n'a d'effets que contre les créanciers de l'héritier et non contre l'héritier lui-même. Ne peut-on d'ailleurs poursuivre celui-ci ? Mais s'il s'agit de créances à terme ou conditionnelles, s'il s'agit de rentes, allez-vous donc condamner ceux qui sont nantis de tels droits à une absolue impassibilité ? Pour moi un tel résultat serait injustifiable et je ne puis croire que le législateur l'ait eu en vue.

C'est toujours la même confusion qu'on commet : je ne demande pas que le privilége produise ses effets contre l'héritier, je demande que l'héritier ne puisse pas nuire au privilége qui, dès aujourd'hui, appartient aux créanciers. Pour être logique , il faudrait dire, dans l'opinion adverse, que le législateur qui a donné le moyen de conserver le privilége sur les immeubles n'a rien fait de semblable pour les meubles : ne serait-ce pas lui prêter la plus grossière inconséquence ?

Je conclurai donc que, pour conserver le privilége de la séparation des patrimoines (et non pour l'acquérir) les créanciers du défunt peuvent s'attaquer à l'héritier, encore qu'il n'ait pas de créanciers, encore qu'il en ait de connus, sauf à ces derniers à intervenir dans l'instance, s'ils le jugent utile à leurs intérêts.

Aussi bien est-ce vers cette solution que tend de plus en plus la jurisprudence, comme on peut le voir par les arrêts suivants (Nancy — 14 fév. 1833. Lyon — 14 juillet 1835. Paris — 26 juin 1841, 16 décembre 1848, 15 novembre 1856) ; de même que c'est à elle que se rallie la doctrine, puisque adoptée par Delvincourt, Vazeille, Belost-Jolimont, Rolland de Villargues, Zachariœ, Massé et Vergé, Ducaurroy, Bonnier et Roustaing, elle vient de recevoir encore l'appui d'un savant magistrat de la Cour de Lyon, M. Barafort.

56. — Les art. 878 et 2111 ne parlent que des créanciers de l'héritier : on pourrait donc être tenté d'en déduire *à contrario* la conséquence que, pour être préférés aux légataires, les créanciers du défunt n'ont pas besoin d'invoquer la séparation des patrimoines.

J'ai déjà dit (n° 39) que cette doctrine me paraissait inadmissible : après l'acceptation de la succession, tous, créanciers du défunt et légataires, sont devenus les créanciers de l'héritier, ayant sur son patrimoine absolument les mêmes droits ; le seul moyen pour les premiers de primer les seconds consiste donc à forcer chacun à rester dans sa condition primitive, c'est-à-dire à demander la séparation des patrimoines.

57. — Selon l'art. 878, c'est du patrimoine du défunt *d'avec celui de l'héritier* que la séparation peut être réclamée : quel est ici le sens du mot *héritier?* Chacun sait qu'il en est peu, dans la langue juridique moderne, qui plus que celui-là soient susceptibles d'acceptions diverses ; eh bien, faut-il ici le prendre restrictivement, ne l'appliquant qu'aux seuls héritiers légitimes, ou faut-il comprendre sous cette désignation tous ceux qui succèdent *in universum jus defuncti?*

Cette question est bien loin d'être aussi simple qu'elle le

paraît ; elle se relie à tout notre système successoral, et c'est ainsi qu'elle nous force à prendre parti sur deux autres d'une importance capitale.

Les successeurs irréguliers, les légataires universels ou à titre universel sont-ils tenus *ultrà vires* des dettes et charges de la succession, s'ils n'acceptent sous bénéfice d'inventaire ?

Quel est l'effet d'une acceptation bénéficiaire relativement aux créanciers du défunt et aux légataires ?

58. — Nous ne pourrions, sans dépasser de beaucoup les bornes fixées à notre Etude, approfondir le premier problème ; mais il nous faut, toutefois, indiquer en quoi nous importe sa solution.

Les successeurs irréguliers sont : 1° les enfants naturels : 2° les pères et mères naturels ; 3° les frères et sœurs naturels ; 4° le conjoint ; 5° l'Etat. Je ne veux pas rechercher ici si ceux qu'indiquent les nos 2 et 3 sont tacitement soumis aux dispositions de la section 2 du chapitre IV, au titre des Successions ; je suppose l'affirmative admise, et, dès lors, je remarque que les successeurs de la catégorie qui nous occupe doivent, aux termes de l'art. 773 combiné avec les art. 769 à 771, faire apposer les scellés et dresser un inventaire, dans les formes prescrites pour l'acceptation bénéficiaire, obtenir du Tribunal l'envoi en possession, faire emploi du mobilier et fournir, sauf l'Etat, caution suffisante pour en assurer la restitution au cas où il se présenterait quelque héritier du défunt, dans l'intervalle de trois ans.

Résulte-t-il de ces dispositions et des principes généraux que les successeurs irréguliers soient nécessairement soumis au bénéfice d'inventaire ? Question qui se reproduit identique pour les légataires universels ou à titre universel.

Un parti très considérable dans la doctrine et la jurisprudence presque toute entière tient pour certain que l'acceptation bénéficiaire crée, de plein droit, la séparation des patrimoines au profit des créanciers du défunt, séparation qui se trouve, par conséquent, à l'abri des actes postérieurs de l'héritier. Nous allons tout à l'heure aborder ce problème, qui forme notre seconde question ; mais il est aisé de comprendre dès à présent que, selon la solution fournie pour celui qui nous occupe, on devra décider ou non que la séparation s'opère *de plano* au profit des créanciers du défunt, lorsqu'ils se trouvent placés en face d'un successeur irrégulier ou d'un héritier testamentaire.

Pour nous, nous adoptons pleinement l'opinion, encore bien faible dans la théorie pure, mais qui, cependant, triomphe journellement dans la pratique, l'opinion, disons-nous, présentée par M. Nicias-Gaillard dans la Revue critique (tome II, année 1852) et soutenue aujourd'hui par quelques jurisconsultes. Nous croyons fermement que tout successeur *in universum jus defuncti* est tenu des dettes et charges de la succession, même *ultrà vires*, s'il ne recourt à l'acceptation bénéficiaire, et nous sommes heureux de trouver, dans le Traité de M. Barafort, la preuve que cette opinion si morale et si rationnelle fait peu à peu son chemin.

Nous n'hésitons donc pas à décider, comme conséquence de cette doctrine, que les créanciers du défunt doivent, à tout le moins quand il n'y a pas, de la part de tels successeurs, acceptation bénéficiaire, requérir la séparation des patrimoines, s'ils veulent être recevables à se prévaloir de ce privilége.

59. — S'il en est ainsi à l'égard des légataires dont le titre est universel et des successeurs irréguliers, il en sera de même encore pour les donataires institués contractuellement (art. 1083) ; pour les donataires de biens présents et à venir (art. 1084), soit lorsque l'état des dettes n'aura pas été annexé à la donation et qu'ils ne répudieront pas (art. 1085), soit lorsque, la prescription ci-dessus ayant été observée, ils ne s'en seront pas tenus aux biens présents ; pour les donataires dont s'occupe l'art. 1086 et *à fortiori* pour les enfants qu'un partage d'ascendants fait *par acte testamentaire* aura apportionnés (art. 1076).

60. — Mais quand l'on résout inversement la question ci-dessus, on est forcément conduit à se demander quels sont les effets du régime spécial du bénéfice d'inventaire relativement aux créanciers du défunt, et nous ne pouvons pas nous dispenser, nous-mêmes, d'examiner ce problème, dont la solution ne laisse pas que de nous intéresser. En effet, si nous décidons que tout successeur *in universum jus defuncti* est tenu *ultrà vires* des dettes et charges héréditaires, nous décidons, en même temps, qu'il peut se soustraire à cette obligation par une acceptation sous bénéfice d'inventaire.

Peu de théories juridiques ont été l'objet de plus de controverses que celle qui va nous occuper, et il est possible de porter à quatre le nombre des systèmes qu'elle a fait naître. Nous allons les exposer successivement, nous dirons ensuite quel est celui que nous adoptons.

61. — Le premier ne voit dans le bénéfice d'inventaire qu'une faveur accordée à l'héritier, faveur qui ne peut dès lors se retourner contre lui et produire au profit des créanciers la séparation des patrimoines.

Depuis que l'empereur Gordien eut octroyé aux soldats romains le droit de n'être tenu des dettes héréditaires que jusqu'à concurrence de leur émolument par la raison que *Arma etenim magis quàm jura scire milites* (7); depuis que Justinien l'eut reconnu à tous ses sujets, moyennant l'observation de certaines conditions, c'est toujours sous la forme d'un véritable privilége que nous apparait le bénéfice d'inventaire. Sans doute l'Empereur byzantin, comme plus tard notre ancienne jurisprudence, comme plus tard encore le Code Napoléon, a cru devoir exiger, en faveur des créanciers de la succession, quelques formalités protectrices de leurs droits ; mais ces formalités n'ont jamais empêché l'héritier de sortir à son gré de ce régime et de se

---

(7) A cette époque, les soldats romains, toujours ignorants du Droit, ne connaissaient plus même la science des armes : Aurélien allait bientôt être forcé d'entourer Rome d'une enceinte fortifiée, pour arrêter un jour les Barbares.

constituer héritier pur et simple, dès qu'il le jugeait utile à ses intérêts. Tous nos anciens auteurs sont unanimes à le constater : l'art. 131 de la coutume d'Orléans et l'art. 91 de celle de Normandie le disaient expressément ; Pothier, toujours très circonspect, n'hésitait pas à écrire : *le bénéfice d'inventaire a lieu* CONTRE *quelque créancier que ce soit*. (Traité des Succes. — Chap. III, sect. 3, § 9.) C'est donc contre et non pour les créanciers qu'il a été introduit, c'est donc contre eux et non pour eux qu'il produit effet. Et voilà bien ce que disait Merlin devant la Cour de cassation : *Il est* DE PRINCIPE *que l'héritier bénéficiaire peut toujours renoncer à sa qualité pour prendre celle d'héritier pur et simple* (Répert. — Verbo : Bénéf. d'invent., n° 25) ; voilà enfin ce qu'indique l'art. 802, lorsqu'il déclare que l'effet du bénéfice d'inventaire est de donner à l'héritier L'AVANTAGE....... etc., etc.

On objecte que l'art. 801, que les art. 988 et 989 (Procéd.) considèrent comme *une peine* la déchéance qui frappe l'héritier bénéficiaire, en cas d'inobservation des formalités requises, et que, par conséquent, si c'est une punition qui l'atteint, ce n'est pas un droit qu'on lui confère. Mais il est manifeste que le législateur a en vue un héritier bénéficiaire qui veut rester tel, et alors il est bien vrai de dire qu'il subit une déchéance.

On objecte encore que l'acceptation bénéficiaire a créé des droits aux créanciers, droits qui ne peuvent plus leur être enlevés que de leur propre consentement. Mais qui ne voit que l'objection répond à la question par la question même, puisque affirmer que les créanciers ont des droits, c'est soutenir que la séparation des patrimoines est née de l'acceptation sous bénéfice d'inventaire.

Ce système conclut donc que l'acceptation bénéficiaire n'engendre rien de semblable, et que les créanciers du défunt qui veulent se prévaloir de leur privilége doivent requérir la distinction des patrimoines : il a pour lui l'autorité de Delvincourt (tome II, page 99), de MM. Cabantous (Revue de législ. tome IV) et Duranton (tome VII, n° 489).

62. — Le second système est diamétralement opposé; et, selon lui, la séparation naît *ipso jure* de l'acceptation bénéficiaire qui crée ainsi, au profit des créanciers, des droits acquis que ne peuvent plus compromettre les faits ultérieurs de l'héritier.

Présenté d'abord par Grenier (Traité des Hyp. tome II, page 433), il a reçu le secours de la puisssnce dialectique de Blondeau (De la séparat., page 503), a fini par rallier un nombre d'adhérents de plus en plus considérable et a été accepté par la jurisprudence. Toutefois, il importe de remarquer qu'il a répudié quelques arguments mis en avant par Blondeau : ce jurisconsulte en était, en effet, arrivé à regarder le bénéfice d'inventaire comme une sorte de peine frappant certains successibles, méconnaissant ainsi profonnément les traditions les mieux vérifiées, et de plus, suivant nous, les principes nouveaux posés par le législateur de 1804.

Le but de la séparation des patrimoines, dit ce système, est d empêcher la confusion du patrimoine du défunt avec celui de l'héritier ; le but du bénéfice d'inventaire est d'empêcher la confusion du patrimoine de l'héritier avec celui du défunt : dès lors donc que les deux institutions tendent à un résultat identique, il est naturel d'admettre que la distinction des deux patrimoines établie par le fait d'une acceptation bénéficiaire, rend inutile toute demande des créanciers à fin de séparation Et conséquents avec cette solution, MM. Aubry et Rau ont traité dans une même division de leur ouvrage (tome V, Livre II chap. III) du bénéfice d'inventaire et de la séparation des patrimoines.

A l'égard des meubles, l'acceptation bénéficiaire a été précédée ou suivie de la confection d'un inventaire fixant l'actif mobilier, de plus la caution fournie en exécution de l'art. 807, sauvegarde complétement les droits des créanciers du défunt ; donc, quant à cette espèce de biens, toute demande formée par eux serait inutile.

Relativement aux immeubles, si l'art. 2111 exige une inscription dans les six mois pour conserver le privilége, il ne l'exige que de ceux *qui demandent la séparation des patrimoines*; or, ici, personne ne la réclame et n'a à la réclamer, puisqu'elle existe. Ce n'est pas tout : l'art. 2146 fait obstacle à ce qu'une telle inscription puisse être prise, car, dès que la succession est acceptée sous bénéfice d'inventaire, il n'y a plus d'inscription possible sur les immeubles héréditaires. Donc, quant aux rapports des créanciers du défunt entre eux, toute inscription est impraticable et, quant à leurs rapports avec ceux de l'héritier, elle est inutile, puisque l'héritier ne pouvant exercer ses droits sur les immeubles qu'à charge d'acquitter les dettes qui les grèvent, ses créanciers ne sauraient avoir plus de droits que lui.

Et comme l'acceptation bénéficiaire a conféré des droits aux créanciers, il est clair que ces droits sont à l'abri des actes de l'héritier et surtout que la déchéance qui peut l'atteindre, en punition de sa faute ou de son dol, n'a pas pour effet de préjudicier à ceux en faveur de qui elle est édictée. Ce système, outre les jurisconsultes déjà cités, peut compter parmi ses adhérents Persil (Hyp., art. 2111, n° 7), Troplong (tome III, n° 651), Belost-Jolimont (sur Chabot, art. 878, observ. 6), Massé et Vergé (Tome II, 341), Dufresne (n°ˢ 76 et suiv.); Tambour (du Bénéf. d'Inv., page 405), Hureaux (de la Sépar., page 377), Fouët de Conflans (art. 878, n° 10), Duvergier (sur Toullier, tome II, n° 539, note 4) et Barafort (de la Sépar., n° 162). De plus, il semble bien avoir, comme je l'ai dit, la préférence de la jurisprudence.

63. — Un troisième système, proposé par Marcadé (art. 881, n° 7), et défendu par M. Pont (Hyp., art. 2111, n° 301), admet bien que le bénéfice d'inventaire produit de plein droit la séparation des patrimoines, mais il ne la produit que tant qu'il dure. Conséquence du bénéfice d'inventaire, la séparation cesse avec lui, car *cessante causâ cessat effectus*, et il n'y a pas sous ce rapport à distinguer entre la déchéance ou la renonciation de l'héritier.

Les créanciers du défunt qui veulent se mettre à l'abri de ce danger doivent donc demander la séparation des patrimoines et, dans tous les cas, prendre l'inscription prescrite par l'art. 2111, car un privilége n'est opposable entre créanciers qu'autant qu'il a été rendu public.

64. — Enfin, un quatrième système proposé par M. Demolombe (Tome III, n° 172) admet bien que l'héritier bénéficiaire reste libre de renoncer à sa qualité et que la séparation des patrimoines n'a pas été créée de plein droit, mais il ne déduit pas de ce principe des conséquences aussi radicales que le fait la première opinion : c'est ainsi qu'il reconnaît que certains effets, propres à la séparation comme au bénéfice d'inventaire, sont produits par celui-ci au profit des créanciers. Mais en même temps il pense, avec la troisième opinion ; que toute renonciation ou déchéance de l'héritier entraîne la cessation de ces effets, et dès lors, il professe que, dans tous les cas, soit pour conserver, nonobstant toute modification du régime successoral, les conséquences antérieurement produites, soit pour obtenir les effets exclusivement propres à la séparation des patrimoines, les créanciers du défunt doivent avoir le soin de mettre en œuvre leur privilége. Mais cependant il ne va pas jusqu'à dire, avec Marcadé et M. Pont, que l'inscription de l'art. 2111 soit nécessaire *au regard des créanciers de l'héritier*, même pendant la durée du régime auquel ce dernier a cru devoir soumettre la succession.

C'est à ce système que je m'attache, c'est de la doctrine qu'il présente que je vais tenter la démonstration.

La seconde opinion fonde son premier et principal argument sur l'idendité du but de la séparation du patrimoine et du bénéfice d'inventaire, mais quelque spécieuse qu'en soit la forme, cet argument est loin d'être aussi concluant qu'elle le suppose. S'il vaut nécessairement du bénéfice d'inventaire à la séparation des patrimoines, qu'elle raison y a-t-il pour qu'il ne vaille pas de la séparation au bénéfice d'inventaire ? Ce

n'est pas que je méconnaisse la réalité de cette identité, ni
même que j'en nie l'importance, mais, à mon sens, il faut se
garder d'en déduire des conséquences dont elle ne contient
pas les prémisses.

J'admets donc, avec cette opinion, que le bénéfice d'inventaire
assuré aux créanciers du défunt, à l'encontre de ceux de l'héritier, la préférence sur tous les biens de la succession, parce que
cette préférence est la condition même d'existence du bénéfice
d'inventaire; parce que l'héritier bénéficiaire ne peut, en tant
que bénéficiaire, s'approprier, quoi que ce soit de ces biens,
tant qu'il reste des dettes ou des charges à acquitter et que ses
ayants cause ne sauraient avoir plus de droits que lui. Ce n'est
pas là, je le répète, une conséquence du bénéfice d'inventaire,
c'est la condition même de son existence d'où il résulte que,
tant qu'il dure, la préférence dont je parle existe et persiste,
sans que les créanciers du défunt aient rien à faire, aucune
formalité à remplir, pas même à prendre l'inscription qu'exige
la troisième opinion, car, encore une fois, les créanciers de
l'héritier n'ont pas d'autres droits que ceux de l'héritier et ne
peuvent pas se payer sur les biens de la succession tant que
ceux du défunt ne sont pas désintéressés, puisqu'ils ne peuvent, ni directement ni indirectement, forcer leur débiteur de
se départir de la qualité qu'il a prise.

Mais qu'on veuille bien le remarquer : si le bénéfice d'inventaire produit incontestablement le résultat que nous venons
d'indiquer, il ne produit aussi que celui-là et la séparation des
patrimoines a des conséquences bien plus étendues. Nous
essayerons bientôt de démontrer que le privilège de l'art. 2111
confère le droit de suite et par conséquent aussi le droit de
surenchère qui en est la sanction, or c'est là un effet qui ne
saurait, à aucun titre, découler du bénéfice d'inventaire,
attendu que l'art. 2166 n'accorde le droit de suite qu'aux priviléges *inscrits*, comme l'art. 2185 n'octroie le droit de surenchérir
qu'aux créanciers dont le privilège ou l'hypothèque a été rendu
public.

Si donc les créanciers du défunt prétendent à de tels avantages, il faut nécessairement qu'ils se conforment aux prescriptions de l'art. 2111 ou tout au moins de l'art. 2113 et dès lors nous demandons ce que vaut l'argument puisé par le second système dans la première de ces dispositions. N'est-il donc pas clair comme le jour que, dès que vous prétendez à exercer le droit de suite, le bénéfice d'inventaire ne vous suffit plus ?

Quant à l'argument que ce même système déduit de l'art. 2146, il a, en vérité, la puissance de nous étonner ! et pourtant que n'en a-t-on pas fait sortir de ce malheureux article depuis Blondeau qui crut avoir, le premier, découvert la mine immense contenue dans ses flancs ! Il est aujourd'hui universellement admis que l'art. 2146 a en vue les créanciers du défunt dans leurs rapports mutuels, que c'est à eux qu'il interdit d'acquérir des causes de préférence *à l'encontre les uns des autres* ; il est non moins généralement admis que la séparation des patrimoines ne modifie, en quoi que ce soit, la situation respective des créanciers du défunt et l'on vient nous dire sérieusement que l'art. 2146 fait obstacle à l'inscription prescrite par l'art. 2111. J'avoue qu'un tel argument me paraît absolument dénué de sens et j'en suis à me demander comment les auteurs qui adoptent les théories que je viens d'énoncer, osent encore aujourd'hui venir le proposer. Aussi est-il curieux de remarquer avec quelle adresse l'argument en question omet de s'occuper des *tiers détenteurs* , alors cependant que tout le problème est là !

Et si je combats sur ce point le second système, je ne le combats pas moins lorsqu'il enseigne que la renonciation ou la déchéance de l'héritier reste sans effets sur la situation des créanciers du défunt. L'affectation des biens de la succession aux créances qui la grèvent est la condition d'existence du bénéfice d'inventaire, elle était la suite nécessaire de la position faite par ce régime aux créanciers du défunt : dès que cette position se trouve modifiée, le résultat produit par elle s'écoule

5

du même coup. Et c'est bien là ce que démontre péremptoirement le premier système en établissant que tous les législateurs ont eu exclusivement en vue, dans le bénéfice d'inventaire, l'intérêt de l'héritier et que dès lors il ne peut pas ne pas être loisible à celui-ci de renoncer à *un bénéfice* créé en sa faveur.

Quand l'on nous parle des droits des créanciers, nous pourrions bien répondre que là est la question : mais non! nous reconnaissons volontiers qu'ils en ont et de très sérieux ; ces droits cependant, ils ne les ont que *par* et *avec* le bénéfice d'inventaire dont ils sont la conséquence et, en vérité, on se demande avec le troisième système comment l'effet pourrait bien survivre à la cause.

Aussi qu'est-il résulté des conclusions exagérées du second système ? C'est que, pour maintenir quand même des droits sans réalité, on en est venu à supplier la magistrature de s'emparer du rôle joué à Rome par le Préteur, on est venu à écarter la disposition d'ordre public écrite par le législateur, pour la sauvegarde de tous, en tête des Constitutions modernes (Hureaux.—Etudes sur le Code civil — Tome III). Il en est résulté qu'on a dénaturé complétement la position de l'héritier bénéficiaire, lui enlevant presque la qualité d'héritier pour le transformer en mandataire des créanciers, il en est résulté qu'on a outrageusement violé les art. 988 et 989 du Code de Procédure, pour arriver à l'annulation des aliénations consenties sans l'observation des formalités prescrites par les art. 805 et 806.

On invoque l'intérêt des créanciers : nous y sommes, certes, très sensible et nous reconnaissons volontiers que le législateur eût pu et dû s'en préoccuper davantage, mais c'est au législateur seul qu'il appartient de corriger l'œuvre du législateur. Nous sommes, disons-nous, extrêmement touché de l'intérêt des créanciers, mais nous ne le sommes pas moins de celui des tiers acquéreurs des biens héréditaires. Les créanciers ont un moyen sûr et facile de parer le danger qui les menace, qu'on nous dise donc quel serait celui que la jurisprudence aurait à offrir aux acquéreurs qui n'auraient acheté les biens, qu'après avoir vu l'héritier bénéficiaire faire, sans nulle protestation, des actes formels d'acceptation pure et simple ?

Et quoi ! le législateur a cru devoir exiger, dans l'intérêt des tiers, une inscription *sur chacun des biens de la succession* (art. 2111), c'est à cette seule condition qu'il a maintenu contre eux les effets de la séparation des patrimoines et l'on en arrive à regarder comme équivalente la déclaration faite au greffe par l'héritier, déclaration qui ne renferme pas même une mention générale des biens héréditaires. Mais cet excès n'est pas même le dernier et la logique conduit inévitablement à un autre qu'on ne sait plus comment qualifier. La jurisprudence la plus récente (Cass. 17 Décembre 1854) tient pour constant que la succession échue à un mineur n'est pas moins soumise au bénéfice d'inventaire, quoique l'art. 793 n'ait pas été observé ; de là ne va-t-il pas fatalement résulter qu'en l'absence même de toute déclaration au greffe, les tiers seront réputés connaître la séparation des patrimoines née de ce bénéfice d'inventaire inévitable ? De telle sorte que le conseil de famille aura autorisé la vente d'un immeuble, le tribunal aura homologué la décision et le tiers acquéreur pourra en être évincé par les créanciers du défunt invoquant la distinction des patrimoines ! En vérité, est-ce que ces exagérations, qui sont cependant les conséquences logiques et irrésistibles du système, ne prouvent pas invinciblement contre lui ?

Comme le fait remarquer M. Demolombe, le bénéfice d'inventaire et la séparation des patrimoines sont deux institutions qui ont bien des points de contact, mais qui ne sont pas moins distinctes l'une de l'autre; elles ont partout vécu côte à côte, sans qu'à tort ou à raison, le législateur les réunit jamais : la doctrine que nous venons de combattre, et qui semble triompher dans la jurisprudence, ne tend à rien moins qu'à les fondre l'une dans l'autre, au grand préjudice des droits les plus certains et les plus respectables.

65. — Nous venons de dire franchement combien nous paraissait vicieuse la théorie suivie par la jurisprudence, mais hélas ! elle est allée bien plus loin encore, touchée sans doute par les défauts que présente l'organisation du bénéfice d'inventaire, et oubliant qu'il ne saurait lui appartenir de les corriger.

Il est de science banale que lorsqu'une succession est échue à plusieurs héritiers, chacun d'eux est libre d'accepter purement et simplement, sous bénéfice d'inventaire, ou de renoncer, selon qu'il le juge au mieux de ses intérêts. Eh bien ! la jurisprudence en est venue à dire que, si l'un d'eux s'est constitué héritier bénéficiaire, la séparation des patrimoines a lieu *ipso jure* à l'encontre DE TOUS, et elle s'est fondée, pour parvenir à ce résultat, sur une prétendue indivisibilité du bénéfice d'inventaire.

Quelques-uns ont pourtant refusé d'aller jusque-là et ont cru devoir distinguer : tant que dure l'indivision, ils se rallient à la doctrine de la jurisprudence, et la repoussent, au contraire, quand l'indivision a pris fin. Distinction impossible, comme nous espérons le démontrer.

66. — Je ne crois pas, pour ma part, qu'il ait jamais existé de théorie plus radicalement fausse que celle à laquelle semble se rallier la majorité des Cours impériales. Tous les textes protestent contre elle : qu'on en juge.

L'art. 724 stipule, il est vrai, que les héritiers sont saisis des biens, droits et actions du défunt sous l'obligation d'acquitter toutes les charges de la succession ; mais l'art. 775 a consacré ce principe de notre ancien Droit : *Nul n'est héritier qui ne veut*, et lorsqu'on accepte la succession, l'art. 774 nous dit de quelles modalités peut être affectée cette acceptation : *Une succession peut être acceptée purement et simplement ou sous bénéfice d'inventaire*. Ne saute-t-il pas aux yeux que cette faculté appartient divisément à chacun des héritiers ? Mais cela est si vrai que le législateur a cru avoir besoin d'écrire l'art. 782, comme pour établir une exception à cette règle de droit commun! (8) Cela est si vrai que les art. 873, 875 et 1220 en renferment l'évidente démonstration.

Aussi se garde-t-on bien de combattre directement cette proposition ; on se contente de l'énerver, si j'osais ainsi dire, en produisant, en soutien de l'indivisibilité du bénéfice d'inventaire, deux arguments, l'un de fait, l'autre de droit, qu'il importe d'examiner.

En fait, dit-on, l'inventaire empêche la confusion des biens de la succession et des biens de l'héritier ; il détermine la consistance de l'hérédité ; or, le droit de l'héritier bénéficiaire s'étend sur chacun des objets qu'elle comprend, de telle sorte que, la libre disposition n'existant pas pour lui, les autres héritiers ne pourraient exercer les droits qui leur appartiennent sans faire échec, vis-à-vis des créanciers, aux formalités protectrices édictées en faveur de ces derniers.

Sait-on bien quelle est la conséquence de cet argument? C'est que les héritiers purs et simples sont comptables envers les créanciers, comme s'ils eussent accepté bénéficiairement ! or ceci n'est qu'une véritable pétition de principe, puisque l'argument résout la question par la question. A moins donc qu'on ne prouve que le simple inventaire suffit à les constituer héritiers bénéficiaires, nous persisterons à croire, avec l'art. 793, qu'il faut pour cela une déclaration faite au greffe.

Qu'on veuille bien, d'ailleurs, remarquer qu'il ne s'agit pas de décider si les créanciers du défunt pourront ou non re-

---

(8) L'art. 782 n'établit pas, à proprement parler, une exception à la règle posée dans l'art. 774. Dans l'hypothèse qu'il prévoit, le droit d'accepter sous une des deux modalités ou de répudier la succession est né indivisible et a été transmis comme tel aux héritiers médiats : ceux-ci devraient donc logiquement être forcés de s'entendre entre eux et d'opter : le législateur a cru trancher la difficulté en optant pour eux lorsqu'ils ne peuvent s'accorder, ce qui est exorbitant et peut entraîner des conséquences funestes. Il n'y a d'ailleurs qu'à comparer les art. 782 et 1475 pour être convaincu de la vérité de notre observation.

courir à des mesures conservatoires de leurs droits, mais bien si ceux des héritiers purs et simples ne seront pas admis à poursuivre sur les biens de la succession, pour la part qui revient à leurs débiteurs, le payement de ce qui leur est dû. L'argument de fait est donc de nulle valeur, car rien n'est plus aisé que de régler la situation : une saisie a lieu du fait des créanciers des héritiers purs et simples, eh bien, sur la part revenant à l'héritier bénéficiaire, ceux du défunt seront seuls admis et leurs droits seront pleinement sauvegardés.

Après l'argument de fait, l'argument de droit : on le tire encore de l'art. 2146 qui, ne distinguant pas entre le cas où tous les héritiers sont bénéficiaires et celui où quelques-uns seulement ont pris cette qualité, défend toute inscription sur les biens d'une succession soumise au régime dont nous parlons. Je ne ferai à cet argument qu'une seule réponse, c'est qu'il faudrait renoncer à toute interprétation sérieuse de notre Code, si l'on devait admettre que l'art. 2146 ne se réfère pas aux principes posés dans le Titre des Successions. Applicable dans la limite de l'acceptation bénéficiaire, cet article cesse de l'être, dès qu'il s'agit de la partie de la succession à l'égard de laquelle est intervenue une acceptation pure et simple.

67. — L'amendement proposé, selon lequel la doctrine de la jurisprudence ne serait admissible que pendant la durée de l'indivision, ne me paraît pas plus fondé que le système principal auquel il se rattache.

M. Barafort qui se prononce en ce sens (n° 165) critique, avec juste raison, l'arrêt de la Cour de Caen du 21 novembre 1855, et nous nous garderons bien de ne pas adopter pleinement les réponses qu'il oppose à deux des trois considérations principales sur lesquelles se fonde l'arrêt en question. Certes, nous demandons avec lui où se trouve écrite la prétendue indivisibilité du bénéfice d'inventaire ; nous croyons toujours avec lui que l'art. 2146 est impuissant à trancher dans le sens de la Cour la question qui nous occupe, bien que nous ne souscrivions pas à toutes les conséquences par lui déduites de cette disposition ; mais nous nous rangeons du côté de l'arrêt contre lui, lorsqu'il prétend faire modifier, par le partage, la situation que l'acceptation bénéficiaire a faite à ceux qui sont restés héritiers purs et simples.

Lorsque dans son arrêt du 25 août 1858, la Cour de cassation prétend que la séparation des patrimoines produite, même à l'encontre des créanciers des héritiers purs et simples, par l'acceptation bénéficiaire émanée d'un seul successible, n'a de cause que dans l'indivision qui embrasse les entiers biens de l'hérédité et qui empêche, pendant la durée de cet état, toute confusion de la part de ces héritiers avec leur propre patrimoine, la Cour de cassation reproduit uniquement l'argument de fait auquel nous répondions tout à l'heure.

Si la Cour voulait dire par là que cette non-confusion permet aux créanciers du défunt d'invoquer contre ceux des héritiers purs et simples et sous les conditions d'ailleurs exigées, le privilège de la séparation, nous penserions tout à fait comme elle. Mais ce n'est pas là ce qu'entend la Cour suprême : elle veut que la séparation existe *ipso jure* à l'égard des héritiers purs et simples, sans que les créanciers du défunt aient rien à faire ; elle veut que les créanciers de ces héritiers ne puissent pas appréhender les biens, tant que ceux de la succession ne sont pas payés : or c'est là ce qui nous paraît impossible et ce qui, en tous cas, ne pourrait être qu'en raison de l'indivisibilité du bénéfice d'inventaire.

En vérité, je ne sais si je m'abuse étrangement, mais il me semble que cela saute aux yeux, car enfin, oui ou non, les héritiers purs et simples sont-ils recevables à confondre les biens de la succession avec leur propre patrimoine ? Et si la réponse est affirmative, je demande comment leurs créanciers ne pourraient pas invoquer l'art. 1166 et exercer les droits de leurs débiteurs. Que si la réponse est négative, c'est donc que les héritiers purs et simples sont devenus *des détenteurs comptables,*

comme dit la Cour de Caen, c'est-à-dire des héritiers bénéficiaires; c'est-à-dire, enfin, que le bénéfice d'inventaire est
indivisible.

Vous prétendez que, même à l'égard des héritiers purs et
simples, il n'y a pas confusion : qu'est-ce à dire? Est-ce qu'en
dehors de la confusion ou de la non-confusion de fait, il ne peut
pas y avoir confusion de droit? Si vous dites non, vous retombez
sur l'indivisibilité que vous combattez; si vous dites oui, je
m'empare de votre réponse pour en conclure nécessairement,
fatalement, que les créanciers du défunt ont donc quelque chose
à faire, qu'ils doivent demander la séparation, qui dès lors ne
peut pas être produite de plein droit.

Aussi est-il remarquable qu'on est obligé d'en venir à refuser
aux héritiers purs et simples, pendant l'indivision, le droit de
libre disposition des biens, c'est-à-dire qu'on est conduit encore une fois à l'indivisibilité du bénéfice d'inventaire.

Je n'admets donc pas l'amendement apporté par la Cour de
cassation à la doctrine de la Cour de Caen, parce qu'il n'existe
en réalité que dans les mots, obligé qu'il est pour trouver un
fondement rationnel de se baser sur la théorie de l'indivisibilité,
même alors qu'il la combat, indivisibilité qui ne se peut admettre, sans qu'en même temps l'on raye d'un trait de plume
tout le Titre des Successions.

68.— Concluons donc que, quel que soit celui des quatre
systèmes exposés plus haut qu'on croie devoir adopter, le bénéfice d'inventaire ne peut du moins produire la séparation des
patrimoines, *s'il la produit* (on sait que nous soutenons l'opinion
contraire), que relativement à ceux des héritiers qui se sont
placés sous ce régime.

Et comme conséquence, concluons réciproquement que la
séparation des patrimoines demandée contre les créanciers d'un
héritier n'existe pas de plein droit contre ceux des successibles
à qui elle n'est point opposée.

69. — Nous venons de placer les créanciers du défunt en face

d'un héritier bénéficiaire, nous pouvons encore supposer le successible dans d'autres situations.

Admettons d'abord qu'il soit inconnu ; nous nous trouverons dans le cas prévu par l'art. 811, c'est-à-dire que la succession étant vacante, il y aura lieu de la pourvoir d'un curateur dont les créanciers du défunt, qu'on doit indubitablement ranger parmi les personnes intéressées de l'art. 812, pourront demander la nomination au Tribunal. Mais quel sera, quant à eux, le résultat produit par ce régime exceptionnel ?

Il ne faut pas douter qu'il produise, sans exception, les effets de la séparation des patrimoines ; sans exception, dis-je, car ici il ne peut être question de réserve à faire quant au droit de suite, puisque le curateur à succession vacante n'a d'autre caractère que celui d'un mandataire, incapable dès lors d'obliger le mandant par des actes qui excèdent la limite de ses pouvoirs. Les art. 813 et 814 combinés avec l'article 1989 ne permettent, à cet égard, aucune hésitation.

Donc, tant que la succession reste vacante, les créanciers du défunt n'ont aucun motif apparent pour demander la séparation des patrimoines ; mais voici qu'un héritier se présente, voici que cesse par conséquent la vacance, l'intérêt naît à l'instant même et naît d'autant plus sérieux que peut-être s'est écoulé le délai triennal de l'art. 880 et *à fortiori* le délai de l'art. 2111 : quelle influence aura sur la situation des créanciers l'apparition de cet héritier ?

Il ne faut pas craindre de dire que le législateur n'a pas prévu cette hypothèse, et l'on pourrait par suite sembler recevable à conclure qu'il la faut régler *ex æquo et bono*. On soutiendrait donc que les délais des art. 880 et 2111 n'ont pas pu courir pendant la vacance, attendu que toute séparation des patrimoines était alors radicalement impossible, l'héritier et son patrimoine faisant défaut.

Pour les jurisconsultes qui font produire de plein droit au bénéfice d'inventaire la séparation des patrimoines, la question n'est pas embarrassante, car c'est *à fortiori* qu'ils appliquent ici leur théorie. Cette théorie, je ne l'admets pas plus dans le cas présent que dans celui auquel je fais allusion ; bien plus, je n'admets pas même que les délais des art. 880 et 2111 n'aient point couru pendant la vacance.

Ce que je reproche à tous ces systèmes, c'est de sacrifier perpétuellement un intérêt à l'autre ; pour moi, si je veux maintenir intacts les droits des créanciers, je ne veux pas faire litière de ceux de l'héritier. Or, les créanciers ont su que vacante aujourd'hui, la succession pouvait cesser de l'être demain, ils ont su qu'ils pouvaient se trouver à l'improviste en face d'un héritier d'autant plus soumis à suspicion qu'il était inconnu, est-ce donc en vérité trop leur demander que d'exiger d'eux les actes conservatoires les plus simples ? Lorsque l'héritier se présente, il doit avoir tous les droits qui appartiennent à sa qualité, car nulle part le législateur n'a dit que le retard apporté à les faire valoir devait lui enlever la libre disposition des biens de la succession. Cette déchéance n'est écrite nulle part et la raison se refuse à la créer d'office.

Je conclurai donc que les créanciers du défunt, doivent, pour obvier aux dangers d'un telle éventualité, s'inscrire sur les immeubles héréditaires et faire constater à l'encontre du curateur, mandataire légal du successible inconnu, qu'ils entendent se réserver, à tout événement, le bénéfice de la séparation des patrimoines.

70. — Nous pouvons maintenant supposer que l'héritier a vendu à un tiers ses droits successifs et nous demander si les créanciers du défunt auront la faculté de se prévaloir, contre ceux de ce cessionnaire, du privilége qu'ils eussent pu opposer aux créanciers de l'héritier.

C'est là une question très délicate et qui divise la doctrine en deux camps : tandis que Delvincourt, Duranton, Dufresne, MM. Demolombe, Aubry et Rau se prononcent pour la négative, Vazeille, Dubreuil et M. Barafort adoptent la solution contraire.

En droit, il ne paraît pas sérieusement discutable que le cessionnaire de droits successifs soit simplement un acquéreur à titre particulier, car ce que l'héritier lui a cédé, ce n'est pas et ce ne peut pas être une quote part de son propre patrimoine : en principe, la mort seule fait des acquéreurs à titre universel. Si donc on s'en tient à ces règles, il faut reconnaître que, vis-à-vis des créanciers du défunt, le cessionnaire n'est point le représentant de l'héritier, que ceux-ci n'ont pas contre lui d'action directe et qu'ils ne le peuvent atteindre que du chef du vendeur et par application de l'art. 1166 : d'où la conséquence qu'ils sont irrecevables à se prévaloir, contre ses propres créanciers, du privilége de la séparation.

Tels sont les arguments mis en avant par la première opinion ; ils sont des plus solides, quoiqu'on les ait combattus très sérieusement. Que le cessionnaire de droits successifs soit un acquéreur à titre particulier, cela est certain mais n'influe pas directement sur la solution de la question ; la cession a eu pour résultat de le mettre au lieu et place de l'héritier, de le substituer à lui, de le constituer représentant *in universum jus* du défunt, et la preuve en est, dit la seconde opinion, dans l'art. 1696 qui n'oblige le cédant à garantir au cessionnaire *que sa qualité d'héritier*, attendu que ce qui est cédé, ce n'est pas l'hérédité mais bien le droit de la recueillir.

Est-ce tout ? Non ! L'article 1698 soumet, de la manière la plus formelle, l'acquéreur au payement des dettes, puisqu'il doit faire raison au vendeur de tout ce dont celui-ci était créancier. L'article 1697 complète la démonstration, en obligeant l'héritier à tenir compte au cessionnaire des fruits qu'il a perçus, des sommes qu'il a touchées. Enfin, dit M. Barafort (n° 45), il est généralement admis que les créanciers peuvent se prévaloir de leur privilége relativement au prix de vente de l'hérédité ; or le payement des dettes de la succession fait évidemment partie de ce prix : donc la séparation peut atteindre, là où elles se trouvent, les valeurs successorales.

71. — Je ne méconnais pas toutes les bonnes raisons qu'en fait on pourrait fournir pour rendre opposable au cessionnaire le privilége des créanciers ; mais, en droit, je ne puis me rendre aux arguments de la seconde opinion.

Oui ! c'est le droit de recueillir la succession qui a été vendu, et cela explique très bien les art. 1696 et 1697 ; mais qu'en faut-il conclure ? Que le cessionnaire a acquis un bien incorporel : voilà tout ! Si l'héritier doit garantir *sa qualité*, c'est que cette qualité engendre le droit cédé ; l'héritier garantit son titre de propriétaire de cette chose incorporelle qui est le droit héréditaire, comme tout vendeur garantit le sien. S'il doit rendre ce qu'il a perçu, ce qu'il a touché, il n'en résulte pas qu'il ait vendu expressément les fruits, les sommes, mais il a vendu le droit de les percevoir, et, garant de l'existence de ce droit, il ne peut y porter aucune atteinte. Ce n'est là qu'une application des principes.

Quant à l'art. 1698, il est bien vrai qu'il oblige l'acquéreur au payement des dettes, mais envers qui ? envers le cédant ! *Il doit rembourser au vendeur ce que celui-ci a payé pour les dettes et charges de la succession.* Il n'oblige pas directement l'acquéreur envers les créanciers héréditaires. Ceux-ci veulent-ils donc être les ayants cause de l'héritier ? C'est l'art. 1166 qu'ils invoquent ; répudient-ils cette qualité ? mais la cession est alors *res inter alios acta.*

Enfin, le syllogisme de M. Barafort pose bien une majeure et une mineure exactes ; mais la conclusion qu'il déduit n'a jamais été contenue dans les prémisses. Oui, le payement des dettes fait partie du prix, et, à ce titre, les créanciers de l'héritier peuvent opposer le droit de préférence qui leur appartient sur le prix encore dû ; mais l'opposer à qui ? Aux créanciers de l'héritier et non à ceux du cessionnaire ! Enfin, quand M. Barafort conclut de ce droit de préférence sur le prix au droit d'atteindre les valeurs successorales, il confond le droit de préférence avec le droit de suite : ce qui est inadmissible.

En résumé, les créanciers peuvent très bien exercer leur droit de préférence sur le prix encore dû; mais ce secours est en grande partie illusoire, puisqu'ils ne peuvent poursuivre le cessionnaire en payement des dettes de la succession sans exercer les droits de l'héritier, par conséquent sans l'accepter pour débiteur et perdre tout droit à la séparation.

Notre conclusion sera donc l'adoption de la première opinion contre la seconde, sans dissimuler, toutefois, que nous regrettons d'aboutir à cette solution.

72. — L'héritier peut être tombé en faillite, mais n'est-il pas étrange de demander quel sera, quant aux créanciers, l'effet du jugement déclaratif, puisque jamais peut-être la nécessité de la séparation ne sera mieux démontrée? Ce qui pourrait faire naître le doute serait cette disposition de l'art. 2146 : *Elles* (les inscriptions hypothécaires) *ne produisent aucun effet, si elles sont prises dans le délai pendant lequel les actes faits avant l'ouverture des faillites sont déclarés nuls,* d'où l'on conclurait que l'inscription prise par les créanciers, en exécution de l'art. 2111, sera de nul effet, et, par suite, que la séparation des patrimoines est impossible.

Nous avons déjà dit que l'art. 2146 avait exclusivement en vue les causes de préférence qui pouvaient exister entre les créanciers du défunt, et ne faisait aucun obstacle à l'exercice de la séparation des patrimoines opposable aux seuls créanciers de l'héritier; nous pouvons donc hardiment décider que l'art. 2146 n'empêche pas l'inscription de l'art. 2111 de se produire et ne la prive pas des effets qui y sont attachés.

La question, cependant, n'est point encore tranchée, car si nous échappons à l'art. 2146, nous retombons immédiatement sur l'art. 448 du Code de Commerce qui s'exprime comme il suit : *les droits d'hypothèque et de privilége valablement acquis pourront être inscrits jusqu'au jour du jugement déclaratif de la faillite,* disposition dont la teneur implique que toute inscription est impossible après le jugement, et qui semble, par con-

séquent, faire obstacle à l'exercice du droit des créanciers.
Mais cette conclusion serait inadmissible : la séparation des
patrimoines empêche la confusion produite par l'acceptation
pure et simple de l'héritier; or, l'art. 448 n'a et ne peut avoir
trait qu'aux biens du failli, donc il est aussi inapplicable à
notre hypothèse que l'art. 2146 du Code Napoléon, puisqu'au
regard des créanciers du défunt, les biens de la succession sont
réputés n'avoir pas cessé d'appartenir au *de cujus*.

Il importe, néanmoins, de remarquer que la déclaration de
faillite ne sera pas toujours sans influence sur la situation des
créanciers héréditaires, car si ceux-ci avaient laissé leur privilége dégénérer en hypothèque, conformément à l'art. 2113,
ils pourraient se voir primer sur les biens mêmes de la succession par la masse des créanciers du failli, au nom de laquelle
les syndics auraient pris l'inscription prescrite par l'art. 490
du Code de Commerce. Il est, en effet, hors de doute, aujour-
d'hui, que l'hypothèque dont il s'agit produit, comme toute
autre, les effets attachés à ce droit et les produit contre tous
ceux qui ne peuvent pas invoquer une inscription antérieure.

73. — Nous venons de placer l'héritier dans diverses posi-
tions et d'examiner l'influence de ces situations différentes sur
le droit des créanciers, il ne nous reste plus qu'à résoudre, à
l'égard du *de cujus* lui-même, un problème analogue.

L'art. 437 du Code de Commerce permet de déclarer la faillite d'un commerçant après son décès, pourvu d'ailleurs que la
déclaration se produise dans l'année qui suit la mort. En pareille occurence, il est très probable que la succession sera
acceptée sous bénéfice d'inventaire ; mais nous savons que,
même dans une telle hypothèse, l'art. 2146 ne fait pas obstacle
au droit des créanciers, ceux-ci pourront donc demander la séparation des patrimoines : il nous faut voir quelle en sera l'utilité réelle.

Il va de soi d'abord que les créanciers n'ont aucun intérêt à
réclamer la séparation, si l'héritier dont la situation est pros-

père a accepté purement et simplement. Si l'acceptation est bénéficiaire, le jugement déclaratif de la faillite a dessaisi l'héritier et soumis la succession à l'administration des syndics et du juge commissaire : l'inscription de l'art. 490 a été prise, la séparation est tout à fait inutile, puisque la faillite même l'établit.

Mais il se peut que l'héritier obéré lui-même, plus obéré peut-être que le défunt, ait accepté purement et simplement, cette acceptation va mettre à sa libre disposition les biens de la succession et surtout le mobilier dont l'aliénation est si aisée ; la séparation des patrimoines sera très utile ici, car le jugement déclaratif de la faillite ne se rendra peut-être qu'après l'expiration d'un assez long délai.

74. — Quels sont les droits des créanciers d'un débiteur *absent*, quant au sujet qui nous occupe ?

L'absence, même déclarée, n'est pas une cause d'ouverture de la succession; mais cela est seulement vrai en droit, car en fait il en est autrement, du moins d'une manière provisoire, puisque l'art. 123 permet à tous ceux qui ont des droits subordonnés au décès de l'absent, de les exercer. Notre question se pose donc ici tout naturellement : les créanciers de l'absent peuvent-ils demander la séparation contre les créanciers des héritiers envoyés en possession ?

Tant qu'on se trouve dans la période de l'envoi en possession provisoire, comme aussi tant que dure la continuation de la communauté pour laquelle aurait opté l'époux présent, la négative est évidente, car l'art. 123 établit le vrai caractère légal de cette possession qui n'est qu'un dépôt. Administrateurs comptables, les envoyés en possession ou l'époux sont aptes à recevoir, au nom de l'absent, les poursuites des créanciers dont le droit ne saurait dès lors se trouver jamais compromis.

Mais quand s'ouvre l'envoi en possession définitif, la solution doit changer, car vis à vis des tiers, les envoyés sont devenus propriétaires et s'ils peuvent concéder à ceux-ci des droits irrévocables, leurs propres créanciers doivent par cela même pouvoir saisir et vendre les biens compris dans l'envoi en possession. C'est donc aussi à ce moment que s'ouvre, pour les créanciers de l'absent, le droit de demander la séparation des patrimoines.

75. — La Cour de Caen a jugé, le 13 novembre 1844, que les créanciers d'une communauté entre époux peuvent, à sa dissolution, invoquer la séparation des patrimoines ; elle invoquait, à l'appui de cette décision, l'art. 1476 qui renvoie au Titre des Successions pour tout ce qui concerne le partage de la communauté. Mais combien cet argument est dénué de force ! il ne s'agit pas de partage en effet, il s'agit du payement des dettes, et il est à remarquer que le législateur traite sous cette rubrique de la séparation des patrimoines : or le payement des dettes de la communauté est réglé par les art. 1482 à 1492 qui ne renferment rien de semblable à l'art. 878.

La séparation des patrimoines constitue, à beaucoup d'égards, un privilége, or l'on ne crée pas un privilége par induction ; notons d'ailleurs qu'ici l'induction procède très mal, car la communauté n'est pas une personne morale jouissant de droits en dehors et indépendamment des époux : il n'y a donc pas, à proprement parler, de patrimoines à distinguer, puisqu'il n'en existe qu'un seul.

§ 3. — Comment peut être demandée la Séparation des Patrimoines.

76. — Une opinion, très accréditée dans la doctrine et la jurisprudence, soumet les créanciers du défunt à la nécessité d'agir en justice pour obtenir la distinction des deux patrimoines. Cette opinion qui se fonde sur les termes employés par le législateur dans les art. 878, 881 et 2111 : DEMANDER *la séparation*, termes impliquant, dit-on, l'idée d'une action , a été combattue par M. Demolombe (Tome V, n°139) avec la vigueur

d'argumentation qui lui est habituelle et je crois en effet qu'il est possible, en se plaçant au point de vue historique de démontrer que ces expressions n'ont pas le sens qui leur est attribué.

A Rome, nous l'avons dit, il fallait une demande pour mettre en activité l'*imperium* du Préteur et obtenir de lui le décret d'envoi en possession des biens du défunt. Notre ancien droit avait commencé par suivre cet usage, et l'on avait, à l'origine, exigé des créanciers qu'ils obtinssent des lettres de chancellerie, mais cet usage, qui n'était plus en rapport avec le nouveau caractère de la séparation des patrimoines, finit par être abandonné, de telle sorte que Lebrun peut dire que, de son temps, elle a lieu de *plein droit et sans demande*; Basnage n'est pas moins explicite. Ces jurisconsultes vont-ils donc, après cela, s'exprimer autrement que le Code Napoléon? Point du tout! les termes employés par eux sont, au contraire, identiques à ceux que nous retrouvons dans les articles précités : ce qui prouve bien qu'ils n'y attachaient pas le moins du monde l'idée d'une instance judiciaire.

Maintenant si l'on remarque que ni le Code Napoléon, ni le Code de procédure ne se sont occupés de la prétendue action en séparation des patrimoines, il faudra bien en conclure que les rédacteurs du Titre des Successions ont donné, aux expressions relevées plus haut, absolument le même sens que celui qui leur était attribué par nos anciens auteurs (9).

---

(9) Le respect montré par la plupart des auteurs pour la lettre de la loi, quand cette lettre est cependant très peu décisive, me paraît d'autant plus étrange que, dans une autre occasion, ils mettront de côté, d'accord avec la jurisprudence, des textes formels à sens précis et bien déterminé, refusant d'exiger une action en justice là où la loi semble dire et dit même positivement qu'il en faut une : je veux parler de la Section I, Chap. VI, du Titre de la Vente. L'art. 1662 dit expressément : *Faute par le vendeur d'avoir* EXERCÉ SON ACTION *de réméré*: l'art. 1664 parle encore *d'exercer son action* ; il en est de même de l'art. 1668 auquel pourtant renvoient, comme à l'art. 1669, MM. Aubry et Rau (tome III, p. 357, note 9) comme démontrant l'inutilité de l'action. Bien plus, l'art. 1670 stipule que *dans le cas des deux articles précédents* (les art. 1668 et 1669 auxquels renvoient les savants professeurs) l'acquéreur peut exiger LA MISE EN CAUSE de tous les covendeurs; enfin les art. 1671 et 1672 répètent encore les mots *action en réméré*. Dans l'ancien droit,

6

Et cela est, en effet, très logique : comme je l'ai dit plus haut (n° 54), la séparation du patrimoine est, dans notre Droit, un privilége, or un privilége s'exerce, indépendamment de toute demande judiciaire, par la réclamation qu'on en fait dans les Contributions et les Ordres. Sans doute si le créancier contre qui l'on s'en prévaut en conteste l'existence, il faudra bien en venir à une action en justice pour le faire reconnaître et respecter ; mais ce n'est là qu'une application du droit commun, n'ayant dès lors rien de spécial à la séparation des patrimoines.

Je ne vois pas, pour ma part, ce qu'on peut, en droit, répondre à ces arguments, et j'avoue même ne point comprendre, en fait, à quelle fin serait requise l'intervention de la justice. Veut-on qu'elle soit appelée à constater l'existence des conditions exigées ? Mais ne sera-ce pas le créancier de l'héritier qui lui en fournira l'occasion ?

Je pense donc que la séparation a lieu *de plein droit et sans demande*, comme disait Lebrun, dès qu'elle est opposée.

77. — Dès qu'elle est opposée, car encore faut-il qu'elle le soit, et il ne saurait appartenir, en aucun cas, au juge-commissaire de l'ordonner, sans que le créancier du défunt y eût formellement conclu : voilà, à mon avis, le sens des art. 878 et 2111, sens dont les art. 661 et 754 du Code de procédure me paraissent démontrer la parfaite exactitude.

Y a-t-il donc distribution par contribution ? Nulle demande

Pothier dit nettement : *Du droit de réméré naît l'action de réméré. Cette action est une branche de l'action personnelle ex vendito*; il existait donc jadis une action de réméré que le Code a eue vraisemblablement en vue, puisqu'il n'a guère fait que copier le grand jurisconsulte dans son Traité du contrat de vente. Et cependant non seulement l'on décide qu'aucune action n'est nécessaire, mais même, sauf pourtant M. Duvergier (tome II, 27) , que des offres *purement verbales* suffisent pour empêcher la déchéance du vendeur ; puis l'on vient nous dire que les mots : *demander la séparation* sont décisifs contre nous ! Ce n'est pas que je critique la théorie généralement admise pour le cas de vente avec faculté de rachat ; mais, en vérité, si les termes employés par le législateur à cette occasion ne contraignent point à exiger une action en justice, est-il possible de se montrer plus rigoureux en notre matière, quand les principes et les traditions tout à la fois résistent à l'interprétation littérale ?

n'a besoin d'être formée ; mais il est possible que le créancier du défunt ne soit pas recevable, vu la modalité qui affecte l'obligation, à provoquer lui-même cette distribution, et que, par suite, personne n'agissant, il soit exposé à voir la déchéance de l'art. 880 le frapper, quant au mobilier de la succession. Ce sera dans ce cas surtout qu'il pourra agir valablement contre l'héritier, non pas à l'effet de se prévaloir d'un privilége qui n'est pas opposable à celui-ci, mais pour obtenir en fait la distinction des deux patrimoines et en même temps sauvegarder son privilége.

Il va de soi qu'une fois inscrit sur les immeubles, conformément à l'art. 2111 ou même à l'art. 2113, le créancier n'a rien de semblable à craindre, puisque, soit qu'un tiers acquéreur veuille procéder au purgement des hypothèques, soit qu'un créancier frappe le bien d'une saisie immobilière, les notifications des art. 2183 (Code Nap.) ou 692 (Code procéd.) devront nécessairement lui être faites.

78. — Il ne résulte nullement de ce que je viens de dire que le créancier du défunt ne puisse jamais être admis à agir en justice contre ceux de l'héritier, par demande principale ou incidente, ni même opposer en appel pour la première fois le privilége qui lui appartient : mais, à mon avis, les frais pourraient, dans tels cas donnés, être déclarés frustratoires et laissés à sa charge, car il ne saurait dépendre de lui de venir grever la succession au préjudice de ceux qui, avec lui, ont actuellement ou auront ultérieurement des droits sur elle.

D'ailleurs, faudrait-il, pour qu'il fût recevable à opposer son privilége en appel pour la première fois, qu'il ne pût être considéré comme y ayant renoncé en première instance.

Enfin, selon moi, lorsqu'une action principale à fin de conservation du privilége est formée par un créancier du défunt contre l'héritier, elle doit être portée devant le Tribunal de l'ouverture de la succession, conformément au 2° de l'art. 59 (Cod. procéd.), et cela jusqu'au partage ; mais une fois celui-ci

consommé, elle ne peut plus être formée que devant le Juge
du domicile du défendeur ou de l'un d'eux, s'ils sont plusieurs,
par application de la règle générale en matière personnelle et
mobilière.

II

**Quelles sont les causes de la déchéance qui peut atteindre
le droit des créanciers et sur quels biens peut porter
la Séparation des Patrimoines.**

§ 1. — QUELLES SONT LES CAUSES DE LA DÉCHÉANCE QUI PEUT ATTEINDRE LE DROIT DES CRÉANCIERS.

79. — La déchéance à laquelle sont exposés les créanciers
peut avoir pour cause soit un fait personnel aux créanciers
eux-mêmes, soit un fait de l'héritier : nous avons à étudier la
question sous ces deux points de vue.

L'art. 879 est ainsi conçu : *Ce droit* (de demander la séparation) *ne peut cependant plus être exercé, lorsqu'il y a novation
dans la créance contre le défunt, par l'acceptation de l'héritier
pour débiteur.*

Une telle disposition existait déjà dans le Droit romain, et
ressortant de la nature même des choses, elle s'imposait nécessairement ; à Rome, où s'appliquait la doctrine de Paul et
d'Ulpien, une semblable exigence était logique : l'est-elle
encore aujourd'hui ? J'avoue ne rien voir qui la puisse justifier,
si l'on admet avec moi que les créanciers de l'héritier n'ont
aucun privilège à l'encontre de ceux du défunt, demandeurs
en séparation ; aussi n'est-il que juste de reconnaître, dans
l'art. 879, un argument puissant en faveur de la doctrine
contraire. Dès qu'on admet, en effet, les créanciers du défunt à
concourir avec ceux de l'héritier sur les biens personnels de

celui-ci, dès même qu'on les admet à se venger sur ces biens, après le complet payement des créanciers de l'héritier, on ne voit pas comment ils peuvent jamais être sérieusement réputés avoir refusé de tenir celui-ci pour leur débiteur, et, par suite, il importe infiniment peu qu'ils l'aient ou non accepté comme tel. Le fondement de leur privilège ne se fortifie pas du refus qu'ils ont fait d'avoir affaire à lui ; il repose uniquement sur cette règle que les biens héréditaires passent au représentant du défunt sous l'obligation d'acquitter les dettes et charges de la succession. Aussi, croyons-nous que le législateur eût renoncé à des traditions désormais sans base rationnelle, s'il eût plus profondément creusé notre sujet.

Quoi qu'il en soit, l'art. 879 existe ; il n'y a donc qu'à s'incliner et à en faire l'application.

80. — **Novation** de la créance par l'acceptation de l'héritier pour débiteur ! mais ceci est vraiment contradictoire : qui dit *novation* dit changement de débiteur (2° art. 1271) ; or, quand les créanciers acceptent l'héritier pour débiteur, ce changement n'est pas produit, puisque l'héritier est le représentant *in universum jus* du *de cujus*. Nous devons donc reconnaître que le législateur, imbu des traditions, a employé dans l'art. 879 un mot tout à fait impropre, et qu'il n'a point eu en vue la véritable novation, la novation de l'art. 1271.

Est-ce donc à dire que si une convention du genre de celle dont s'occupe le 1° de cet article était intervenue entre le créancier et l'héritier, le premier ne se trouverait pas déchu de son privilège ? Non, certes ! la déchéance devrait l'atteindre *à fortiori*, car ici il ne s'agit jamais que d'une pure question de fait : le créancier a-t-il, oui ou non, accepté l'héritier pour débiteur ? or, la convention est là pour prouver l'affirmative.

81. — Je viens de dire que c'est là une question de fait : aussi n'est-il pas possible de passer en revue toutes les espèces que peuvent engendrer les mille et mille circonstances de la

vie ; tout ce qu'on peut faire, c'est d'en parcourir rapidement quelques-unes.

Et puisque j'ai parlé d'une novation dans les termes de l'art. 1271, je demanderai tout d'abord si le créancier qui a reçu de l'héritier des effets négociables en payement de sa créance, doit être réputé l'avoir accepté pour débiteur.

On pourrait soutenir qu'il y a là une véritable novation, et, dès lors, la conséquence serait fatale : une telle doctrine, toutefois, ne me paraîtrait pas admissible. Remarquons bien qu'il ne suffit pas, pour qu'il y ait novation, qu'un nouveau débiteur remplace l'ancien ; il faut de plus que celui-ci soit déchargé par le créancier (art. 1271) : toute la question se réduit donc à savoir si, en recevant des effets négociables, le créancier a entendu donner décharge à l'héritier. Or, ramenée à ces termes, elle ne peut plus faire doute : la raison dit assez que, si l'on veut voir dans l'acte intervenu entre les parties une véritable novation, il n'y a pourtant jamais qu'une novation conditionnelle, subordonnée en réalité au payement des billets. Je ne saurais mieux faire ici que de reproduire les paroles de M. Troplong : *la novation ne se suppose pas, et, pour y parvenir, il ne faut pas surtout fausser la pensée des parties contractantes.* (Traité des Priv. et Hyp.—199 bis.)

Notre question est encore entière, car s'il n'y a pas nécessairement novation dans l'acte que nous étudions. l'art. 879 n'exige pas non plus une telle condition. La Cour de Nîmes a jugé (28 juillet 1852) qu'un créancier qui a reçu des billets négociables avec la réserve *sauf encaissement*, n'est pas déchu de son privilége. M. Demolombe (n° 164) paraît peu éloigné de critiquer cette décision, et l'on doit, en effet, remarquer qu'il y a place pour le doute. Quand l'héritier remet au créancier des effets souscrits par un tiers, il y a là une véritable délégation (art. 1275) ; le tiers est une sorte d'*adpromissor* s'engageant, par ordre de l'héritier, pour garantie de la dette personnelle de celui-ci : il paraît donc impossible de ne point voir là une novation, dans le sens de l'art. 879. Quand, au contraire, il s'agit de billets souscrits par l'héritier lui-même, je ne vois pas comment on peut dire que le créancier n'a pas accepté l'héritier pour débiteur. Malgré ces observations, j'avoue que je penche vers la doctrine de la Cour de Nîmes : nous sommes ici dans un sujet plein de contradictions, et, à mon avis, le plus sûr est encore de trancher toutes ces questions *ex bono et œquo* ; or, les réserves faites par le créancier doivent entrer en compte, si l'on ne veut s'exposer à fausser l'intention des parties.

82. — Nous avons vu la loi romaine décider que le créancier qui a reçu un gage de l'héritier est déchu du droit de demander la séparation des patrimoines ; la même solution doit encore être adoptée aujourd'hui.

M. Barafort propose pourtant (n° 62) de faire exception pour le cas où le créancier aurait traité avec l'héritier simplement considéré comme *détenteur de la succession* : ceci peut sembler très discutable. Sans doute, avec la doctrine romaine, on eût pu dire que l'héritier garantissant une dette qui n'est point la sienne, fonctionne ici comme un tiers ; mais avec notre théorie française, cette distinction, déjà très subtile à Rome, me paraît tout à fait impossible, et je doute fort qu'elle parvienne à se faire admettre dans la pratique.

La même décision s'appliquerait au cas où le créancier aurait stipulé de l'héritier qu'il lui sera fourni une caution, et voilà pourquoi toute délégation sur un tiers paraîtrait rigoureusement devoir emporter déchéance.

M. Barafort cite un arrêt de cassation du 7 décembre 1814, par lequel il a été jugé qu'il y avait novation de l'art. 879 dans une espèce où l'héritier avait hypothéqué ses biens personnels à la créance contre le défunt, et où cette créance, exigible d'abord à la volonté du créancier, avait été convertie en une rente remboursable au gré de l'héritier. Le savant magistrat tient cet arrêt pour parfaitement rendu : je suis tout à fait de cet avis, car il y avait vraiment luxe de raisons contre le créancier et, selon moi, la seule conversion de la créance en une rente suffisait à entraîner la déchéance.

83. — Aussi ne doit-on pas hésiter à reconnaître que le créancier encourt la perte de son privilége toutes les fois qu'il consent à changer le mode et les conditions du payement de la créance. De nombreux auteurs font cependant exception pour le cas où il a seulement accordé un délai à l'héritier ; il me semble rationnel et équitable d'admettre ce tempérament, puisque la convention peut aussi bien s'interpréter comme une concession faite à la succession elle-même que comme une faveur accordée à l'héritier.

84. — Mais la déchéance serait fatale, si le créancier avait fait des actes d'exécution sur les biens *personnels* de l'héritier ou produit dans un ordre ou une distribution par contribution ouverte sur ce dernier.

85. — En sens inverse, il faut décider que la signification à l'héritier des titres exécutoires contre le défunt, l'assignation qui lui serait donnée *en tant qu'héritier*, le jugement même obtenu contre lui en cette qualité, la réception des intérêts de la créance, des arrérages de la rente, celle même d'une portion du capital ne soumettraient pas le créancier auteur de tous ces actes à la déchéance de l'art. 879, car, en somme, la succession n'a pas d'autre représentant que l'héritier, et il faut bien que, pour atteindre celle-là, on agisse contre celui-ci.

Pour nous résumer, nous dirons que tout acte qui peut recevoir explication en le considérant comme s'adressant *au détenteur de la succession* ne doit pas, suivant nous, constituer la novation de l'art. 879, parce que la renonciation à un droit ne se présume pas ; mais qu'il en doit fatalement être autrement de tout acte qui ne peut s'adresser qu'à l'héritier considéré comme *débiteur*.

86. — Le Code ne parle pas de la renonciation *expresse* au privilége de la séparation, et vraiment cela eût été bien inutile,

car il est plus clair que le jour qu'elle ne saurait avoir moins d'effet qu'une renonciation *tacite*.

On a toutefois fait remarquer avec raison qu'une telle renonciation serait frappée d'une nullité radicale, si elle avait précédé l'ouverture de la succession : elle constituerait, en effet, un pacte sur une succession future (art. 1130).

87. — Nous avons vu le Droit Romain limiter à cinq ans le délai pendant lequel devait se produire la demande en séparation et notre ancienne jurisprudence rompre avec ces traditions ; cherchons ce qu'a fait à cet égard le législateur de 1804.

L'art. 880 est conçu dans les termes suivants : *Il* (le droit des créanciers) *se prescrit relativement aux meubles par le laps de trois ans. A l'égard des immeubles, l'action peut être exercée, tant qu'ils sont dans la main de l'héritier.*

Ainsi donc, le législateur moderne a introduit en cette matière une distinction toute nouvelle, distinction fondée sur la nature des biens et très rationnelle, car il est évident que la confusion des meubles s'opère plus facilement que celle des immeubles : après un certain temps, elle a immanquablement dû se produire. Nous devrons d'ailleurs, quant aux immeubles, combiner l'art. 880 avec l'art. 2111 et ce ne sera pas la partie la moins difficile de notre tâche.

Examinons d'abord ce qui a trait au mobilier, nous résoudrons ensuite la question relativement aux biens immobiliers.

88. — J'ai déjà dit que le délai de trois ans fixé par l'art. 880 constitue bien moins une véritable prescription qu'un délai préfix et invariable, qu'une simple déchéance. En vain, se prévaudrait-on, pour soutenir l'opinion contraire, des expressions *Il se prescrit* qui se lisent dans notre article, car chacun sait combien est difficile la distinction dont nous parlons (10). On

_____

(10) Certains auteurs se sont refusé à reconnaître aucune différence entr' les déchéances et les prescriptions ; c'est ainsi que je lisais encore tou dernièrement, dans un article de M. Bouniceau-Gesmon, procureur impéria à Bressuire, cette proposition : *ces deux matières se ressemblent tellement qu'un*

ne peut nier que le fondement de la disposition qui nous occupe ne soit la présomption d'une confusion opérée entre le
mobilier du défunt et celui de l'héritier, présomption élevée à
la hauteur d'une présomption légale ; dès lors, comment ne
point voir là une déchéance justifiée par l'impossibilité d'effectuer désormais sùrement la séparation des deux patrimoines
et par la nécessité d'ordre public de ne pas laisser dans une
trop longue indécision les droits des créanciers de l'héritier ?

Nous pouvons donc conclure que le laps de trois ans court
contre toute personne, même contre la femme pendant le mariage.

89. — Mais quel est le point de départ de ce délai ? Tous
les auteurs s'accordent en général à le fixer au moment de
l'ouverture de la succession : c'était l'opinion de Merlin (Quest.
de droit verbo sépar.), de Chabot (sur l'art. 880, n° 3), de Delvincourt (sur l'art. 880), de Zachariœ (page 618, note 18), de
Dalloz (Jurisp. gén. verbo. — Successions, page 460), de Du-

---

déchéance n'est autre chose qu'une prescription (Réponse à M. Mourlon. —
Revue pratique. — Tome XXIII, page 128). Que les deux matières se ressemblent, ce n'est pas moi qui le nierai ; mais qu'une déchéance soit une prescription, voilà ce que je ne puis admettre. C'est au point de vue de la disposition
écrite dans l'art. 2252 qu'il importe de distinguer entre les déchéances et les
prescriptions, car sous tous les autres rapports il y a confusion et il est vrai
de dire que les règles applicables à la prescription extinctive le sont aussi
aux déchéances. Quoi qu'en dise l'auteur précité, la généralité des jurisconsultes
admet que l'art. 2252 est inapplicable aux déchéances : c'est l'opinion de
Duranton, c'est celle de M. Troplong, celle de MM. Aubry et Rau, de
M. Demolombe et je dirai même, c'était celle de Merlin, malgré les citations
produites, où d'ailleurs la question n'est même pas touchée. C'est que cette
solution ressort aussi bien que la distinction elle-même de la nature des
choses : lorsque le législateur en concédant un droit en exige l'exercice dans
un délai déterminé, il restreint le droit lui-même, car il ne le concède que
sous condition ; il n'y a là aucune présomption de négligence ou de renonciation, faute d'avoir été exercé en temps utile, le droit a péri sans qu'il en
restât rien, il a péri en vertu d'une cause intrinsèque. Tout autre est la
prescription dont la cause est toute extrinsèque, fondée qu'elle est sur une
présomption de renonciation. De là résulte nécessairement cette règle que les
déchéances courent contre toute personne, ce qui est logique puisque le droit
leur est accordé revêtu de telle modalité. M. Bouniceau-Gesmon n'admet pas
cette doctrine et je ne m'en étonne pas, mais j'ai peine à croire néanmoins
qu'il souscrivît à toutes les conséquences de son système et appliquât sa théorie
aux actions dont parlent les art. 316, 317, 329, 559, 809, 957, 1622, 1648, 1854,
2102, 2279 du Code Napoléon ou les art. 160 à 171 du Code de Commerce,
sans parler des délais de procédure.

fresne, n°s 56 et 57) et je la trouve adoptée par MM. Duranton (Tome VII, 482), Demolombe (Tome V, 173) et Barafort (n° 117) ; la Cour de cassation l'a elle-même sanctionnée par un arrêt du 9 avril 1810.

Toutefois, elle a été combattue par MM. Aubry et Rau (Tome V, § 619, note 28) qui, invoquant la loi romaine, ne font courir le délai que *post aditam hereditatem*. Beaucoup d'auteurs ont prétendu que le législateur avait tranché la question contre MM. Aubry et Rau dans l'art 2111 : je suis très loin de nier la valeur de cet argument, je l'opposerai moi-même tout à l'heure aux savants professeurs ; mais il m'est impossible de le tenir pour probant, si l'on admet l'opinion générale, d'après laquelle une action en justice serait nécessaire pour l'exercice de la séparation des patrimoines. Les jurisconsultes, qui professent ce système, professent également que l'inscription de l'art. 2111 peut être requise avant toute demande ; or, s'il en est ainsi, il ne résulte pas de ce que le législateur fait courir du décès le délai de l'art. 2111, qu'il ait fixé le même point de départ pour celui de l'art. 880.

Selon nous, au contraire, qui croyons que la séparation a lieu de plein droit, l'argument est irrésistible, car l'inscription n'est plus alors une simple mesure préventive, elle est la mise en œuvre du privilége.

Si la loi Romaine faisait courir de l'époque de l'adition le délai quinquennal , c'est que l'adition seule mettait l'*heres extraneus* en contact avec l'hérédité, mais nous avons dit (n° 9) que tout portait à croire qu'il en devait être, comme dans notre Droit, pour l'*heres necessarius*. Chez nous la saisine produit en partie les effets attachés à la qualité d'héritier nécessaire, elles les produit en ce sens qu'il y a, dès l'ouverture de la succession, un représentant du défunt contre qui peuvent agir les créanciers. Nous tenons donc pour certain, avec la généralité des auteurs, que le point de départ du délai triennal de l'art.

880 est, dans tous les cas, l'époque de l'ouverture de la succession.

Est-ce donc à dire que ce point de départ nous paraisse choisi très rationnellement ? Nous sommes très loin de le penser ainsi et nous ne faisons aucune difficulté de reconnaître que la doctrine de MM. Aubry et Rau se recommande, à certains égards, par des raisons très puissantes. Sans doute l'ouverture de la succession est une époque précise et certaine , tandis qu'il n'en est pas de même pour l'acceptation et ceci peut expliquer le choix du législateur : toutefois, la séparation étant dirigée contre les créanciers de l'héritier, il ne paraît pas très logique de demander à ceux du défunt de se mettre en garde, avant même de savoir à qui ils auront affaire.

Mais l'art. 2111 nous semble fournir, répétons-le, dans notre opinion, un argument irréfutable qui doit prévaloir sur toutes les autres considérations.

90. — Il peut sembler étrange que l'art. 880 ne mentionne pas d'autres causes de déchéance que celles dont nous venons de nous occuper et que, par exemple, l'aliénation des meubles, leur confusion avec ceux de l'héritier n'y soient pas indiquées comme des obstacles à la séparation des patrimoines.

C'est là, croyons-nous, une lacune, mais une lacune qu'il ne faut pas hésiter à combler, car la force même des choses l'exige impérieusement : encore faut-il qu'il y ait deux patrimoines pour qu'on les puisse séparer.

91. — Quant à l'aliénation dès meubles *corporels,* l'art. 2279 fournit d'ailleurs un argument décisif que corrobore au besoin l'art. 1141 ; mais ces deux textes supposent, l'un et l'autre, un acquéreur de bonne foi, dès lors il n'y a aucune raison sérieuse pour refuser d'admettre, dans le cas où cette condition ferait défaut, que les créanciers du défunt fussent recevables à reconquérir leur privilége en obtenant, par la voie de l'action Paulienne, la révocation de l'aliénation faite en fraude de leurs droits.

Il est universellement reconnu que la disposition de l'art. 2279 est inapplicable aux meubles *incorporels*, faut-il donc conclure que la cession ou la délégation faite par l'héritier n'est pas opposable aux créanciers du défunt ? On pourrait le penser, n'était l'art. 880 ; mais cet article, abstraction faite de la disposition contenue dans l'art. 2111, considère l'aliénation des immeubles comme destructive du privilége ; c'est donc *à fortiori* qu'il faut tenir pour telle celle des meubles, dans une législation surtout qui, ignorante des progrès que réservait l'avenir, semble s'être souvenu de cette maxime de notre vieille jurisprudence : *Vilis mobilium possessio*.

L'aliénation du moins suffira-t-elle à entraîner la déchéance des créanciers héréditaires ? C'est encore là une question sur laquelle le Code est complétement muet et pourtant il en était bien peu de plus importantes à résoudre. Que la déchéance soit fatale quand le meuble est devenu la propriété d'un tiers qui a payé le prix d'acquisition, rien de plus rationnel ! mais la solution doit-elle rester la même, lorsque le prix est encore dû ? La doctrine et la jurisprudence n'ont pas hésité à se prononcer pour la négative, et en effet il ne paraît guère possible, aujourd'hui surtout, en face de l'immense développement de la fortune mobilière, de se refuser à ce tempérament d'équité.

La chose aliénée n'est plus dans le patrimoine du défunt ! cela est vrai, mais cependant elle n'en est pas absolument sortie, car la créance du prix est là qui tient sa place, qui la représente . la vente n'est en résumé, et au point de vue économique, qu'un échange ; dès lors que la confusion n'en est pas résultée, pourquoi les créanciers héréditaires ne seraient-ils pas admis à exercer leur privilége sur le bien mis au lieu de celui qui a été aliéné ! Telle était déjà, nous l'avons dit, l'opinion de Voët : elle ne pouvait manquer de triompher dans la pratique.

92. — La confusion des patrimoines est, plus encore que l'aliénation, un mode d'extinction du privilége des créanciers,

mais quand y aura-t-il confusion ? C'est là une pure question de fait au sujet de laquelle aucune réponse absolue ne nous parait possible.

L'inventaire peut bien sans doute empêcher la confusion de se produire, mais il arrivera quelquefois aussi qu'il n'aura pas suffi ; de même qu'en l'absence de tout acte de ce genre, il ne sera pas impossible d'être admis à soutenir que les deux patrimoines sont restés distincts.

93. — Je passe aux immeubles à l'égard desquels l'art. 880 permet la séparation *tant qu'ils existent dans la main de l'héritier*. Le Tribunal d'appel de Bourges avait proposé d'ajouter à cet article un paragraphe qui déciderait que l'action en séparation ne pourrait pas durer plus de trente ans : le législateur a refusé de souscrire à ce vœu et, selon moi, avec grande raison.

La demande en séparation des patrimoines est l'exercice d'un privilége et non pas d'une action : en principe donc, elle ne peut point avoir de durée qui lui soit propre, elle vit tant qu'existe la créance dont elle est l'accessoire. Il se peut très bien qu'elle ne dure pas trente ans, il se peut aussi qu'elle dure plus longtemps. Si relativement aux meubles, le législateur s'est écarté de ces principes, c'est parce qu'il a pensé qu'après trois années, la confusion des mobiliers se serait presque toujours opérée en fait : il a statué ici comme partout *de eo quod plerùmque fit*. Mais pour les immeubles dont la confusion est presque impossible, les mêmes raisons n'existaient pas, et il a pu rester, quant à eux, fidèle à la règle indiquée plus haut.

94. — Si notre article existait seul, toutes les solutions présentées au sujet des meubles aliénés se reproduiraient identiques : dès que le prix aurait été payé, l'aliénation des immeubles élèverait, contre la demande en séparation, un obstacle insurmontable ; le privilége se reporterait, au contraire, sur le prix encore dû. Mais à l'art. 880 est venu se joindre l'art. 2111,

et ce n'est pas une médiocre difficulté que de décider quel est, en définitive, le système suivi par le législateur.

L'art. 2111 est ainsi conçu : *Les créanciers et légataires qui demandent la séparation du patrimoine du défunt, conformément à l'art. 878, au titre des Successions, conservent, à l'égard des créanciers des héritiers ou représentants du défunt, leur privilège sur les immeubles de la succession, par les inscriptions faites sur chacun de ces biens, dans les six mois à compter de l'ouverture de la succession. Avant l'expiration de ce délai, aucune hypothèque ne peut être établie avec effet sur ces biens par les héritiers ou représentants, au préjudice de ces créanciers ou légataires.*

A cette disposition, il nous faut ajouter celle de l'art. 2113, dont la teneur suit : *Toutes créances privilégiées soumises à la formalité de l'inscription à l'égard desquelles les conditions ci-dessus prescrites pour conserver le privilège n'ont pas été accomplies, ne cessent pas, néanmoins, d'être hypothécaires; mais l'hypothèque ne date, à l'égard des tiers, que de l'époque des inscriptions qui auront dû être faites ainsi qu'il sera ci-après expliqué.*

95. — Quelle est la nature du droit que conserve aux créanciers l'inscription prise selon les prescriptions de l'art. 2111 ? Question controversée s'il en fut jamais ! Un parti considérable dans la doctrine, Tarrible (Répert. de Merlin verbo. Privil. de créances, sect. 2, § 6, n° 2), Grenier (tome II, n° 219), Troplong (tome I, n° 323 à 327), Fouët de Conflans (sur l'art. 880, n° 4), Cabantous (Revue de législ., tome IV, page 40), Aubry et Rau (tome V, § 619, note 55), Mourlon (Répét. écrites, tome III, page 585), Pont (sur les art. 2106 et 2111, n° 8), et nous ajouterions Dufresne (n°s 89 à 94), si cet auteur n'avait pas présenté un système mixte sur lequel nous aurons à revenir, un parti considérable, dis-je, voit exclusivement dans ce droit une cause de préférence, refusant de le considérer comme un véritable privilège conférant le droit de suite.

Le principal argument de cette opinion consiste à poser en principe que le législateur, en employant dans l'art. 2111 le terme *privilége*, s'est servi d'un mot impropre, duquel il n'y a dès lors aucune conséquence à déduire, et qui ne peut permettre de s'étayer de l'art. 2166. Aussi M. Troplong reproche-t-il très vertement aux rédacteurs du Code de ne pas avoir mieux pesé les expressions dont ils usaient.

A ce semblant d'argument on en ajoute quelques autres : d'une part, les art. 2101, 2102 et 2103, dans l'énumération qu'ils font des priviléges, ne mentionnent pas la séparation des patrimoines ; de l'autre, il ne peut y avoir de priviléges qu'entre créanciers d'un même débiteur ; or, par la distinction des deux patrimoines, il y a deux catégories de créanciers : l'une ayant la succession pour obligée, l'autre dont l'héritier est le débiteur.

Enfin, le but de la séparation ne peut être que de conserver aux créanciers du défunt le droit de gage qu'ils avaient sur les biens de celui-ci, de par l'art. 2092 ; or, ce droit de gage ne leur attribuait aucun droit de suite ; donc la séparation des patrimoines ne peut davantage le leur conférer. En résumé, l'art. 2111 établit bien un droit de préférence, mais non un droit de suite ; il crée un privilége dans la limite de l'art. 2095 et non dans celle de l'art. 2166.

MM. Aubry et Rau vont plus loin encore. Suivant eux, la séparation des patrimoines n'est pas du tout un privilége, car ce dernier mot est employé dans l'art. 2111 d'une manière démonstrative et non pas à l'effet de qualifier, par voie de disposition, le droit de préférence des créanciers. Ce droit a pour cause unique la maxime bien connue : *Non intelliguntur bona nisi deducto œre alieno.*

M. Dufresne, à son tour, tient pour constant que le droit des créanciers conservé par l'inscription n'est qu'un droit de préférence, mais un droit de préférence opposable au tiers acquéreur, dont le payement devrait, par suite, être déclaré nul à l'égard des créanciers du défunt.

La doctrine contraire à celle que nous venons d'exposer a été soutenue par Delvincourt (tome II, page 56, notes 9 et 10), Blondeau (page 473), Demante (tome III, n° 222 *bis*), Gabriel Demante (Revue crit., tome V, page 177), Demolombe (tome V, n° 208 et suiv.), Barafort (n° 14), et, à dire le vrai, la jurisprudence tout entière tend de plus en plus à se ranger à l'opinion qui affirme l'existence du droit de suite. C'est ce dernier système que nous adoptons, et dont nous allons tenter la démonstration.

96. — D'abord nous demanderons à l'opinion adverse la permission de ne pas prendre trop au sérieux la prétendue erreur qu'elle impute au législateur, nous avouons nous méfier étrangement de ces méprises prêtées aux rédacteurs du Code, qui n'ont guère d'autre but que de faire disparaître une expression gênante. Le mot *privilége* existe dans l'art. 2111, il y doit rester et l'on conviendra qu'il n'y a pas de théorie qui ne pût triompher, s'il était loisible à chacun d'effacer de la loi les mots qui lui font obstacle.

Sans doute, le législateur n'est pas infaillible et l'on pourrait très bien citer certains termes employés par inadvertance, mais nous prions de remarquer que l'article 2111 se trouve dans le titre *des Priviléges*, qu'il fait partie de la section IV, intitulée : *Comment se conservent les Priviléges*, qu'il vient après l'art. 2110 qui a trait à une véritable créance *privilégiée* et avant l'article 2112 qui s'occupe du même sujet ; pour admettre dans ce texte l'emploi d'un mot dont on n'aurait pas compris la valeur, il faudrait donc prêter au législateur une erreur *si monstrueuse* que les reproches à lui adressés par M. Troplong seraient vraiment bien loin d'être suffisants. Chose étrange ! les auteurs, qui ont accusé de légèreté les rédacteurs du Code, se sont tous dispensés de faire l'historique de la rédaction de notre article, alors pourtant que cet historique est décisif en

cette matière : nous allons donc réparer cette omission avec les textes sous les yeux.

Le projet du Code avait rejeté le système de la publicité des hypothèques : aussi faut-il voir de quelles ardentes attaques il fut l'objet de la part des tribunaux situés en pays de nantissement et notamment celui de Bruxelles. On ne peut en effet pas méconnaître que c'était là faire en arrière un retour déplorable et répudier sans cause le progrès accompli par la loi de Brumaire. Le Tribunal de Cassation s'émut à son tour, protesta dans un Rapport très remarquable et rédigea même un contre-projet dont l'influence sur le texte définitif du Code a été considérable.

L'art. 8, section I, de ce Contre-Projet portait ce qui suit : *Les créanciers privilégiés sur les immeubles sont : 1° les créanciers et légataires d'un défunt sur les biens de la succession. Ils conservent ce privilége par les inscriptions faites sur chacun de ces biens, dans les six mois à compter de l'ouverture de la succession. Avant l'expiration de ce délai, aucune hypothèque ne peut être consentie avec effet sur ces biens par les héritiers, au préjudice de ces créanciers et légataires ; 2° le vendeur....... ; 3° le cohéritier....... ; 4° ceux qui ont fourni les deniers....... ; 5° les architectes. ....; 6° les frais de dernière maladie......; 7° les frais de scellés et d'inventaire......*

Dira-t-on qu'aux yeux du Tribunal de Cassation les créanciers et légataires d'un défunt n'étaient point de véritables privilégiés, lorsqu'on le voit les classer avec le vendeur, le cohéritier, les architectes, tous à coup sûr privilégiés de bon aloi ? Cela est impossible, à moins qu'on invoque encore quelque erreur exorbitante ; mais alors je demande où l'on s'arrêtera. Eh bien, le contre-projet a été en grande partie adopté par le législateur, mais la section I a été démembrée a l'effet d'arriver à un ordre plus parfait et l'on en a formé trois sections de notre Code : la section II, *Des priviléges sur les immeubles*, la section III, *Des priviléges qui s'étendent sur les meubles et sur les*

immeubles, la section IV, *Comment se conservent les priviléges.*
Or, dans ce remaniement, le 1° de l'art. 8 a été maintenu intact
et est devenu l'art. 2111 : il est vrai que l'art. 2103, qui n'est
autre que l'art. 10 du projet primitif ne mentionne pas la
séparation des patrimoines, mais le démembrement dont nous
venons de parler explique cette omission, et en tous cas, ce qui
suffit pour le moment, il est bien clair qu'en employant le mot
privilége dans l'art. 2111, le législateur savait ce qu'il faisait,
puisque le Tribunal de Cassation venait de le lui dire expressément. Que valent donc le prétendu argument du système
contraire et les reproches de M. Troplong ? Que vaut enfin la
conséquence tirée du silence gardé par l'art. 2103 sur la séparation des patrimoines ?

97. — On dit : le privilége ne se conçoit qu'entre créanciers
d'un même débiteur, donc la séparation des patrimoines qui
s'exerce des créanciers du défunt à ceux de l'héritier ne saurait
être un privilége. J'avoue qu'une telle proposition me sur-
prend sous la plume de M. Troplong : la séparation des patrimoines n'a pas et ne peut pas avoir pour effet de rescinder la
saisine légale, de mettre à néant le quasi-contrat né de l'acceptation de la succession ; les créanciers du défunt sont donc les
créanciers de l'héritier, et si l'origine de leurs créances leur
assure un droit supérieur, elle ne les empêche cependant pas
de recourir sur les biens personnels de l'héritier. Il s'agit donc
ici de créanciers d'un même débiteur et il est à remarquer que
MM. Aubry et Rau se sont bien gardés de reproduire l'argument échappé à M. Troplong.

Mais, selon ces auteurs, la séparation des patrimoines constituerait moins un privilége qu'une application de la maxime :
Non intelliguntur bona nisi deducto œre alieno. Je crois tout à
fait avec eux que cette maxime est la base de la séparation des
patrimoines, qu'elle en est la cause nécessaire : mais qu'en résulte-t-il ? Est-ce qu'il est permis de confondre la cause de
la supériorité de la créance avec le mode d'exercice de cette
supériorité ?

MM. Aubry et Rau ajoutent que, si la créance contre le défunt avait pour gage le patrimoine de celui-ci, elle ne jouissait pourtant d'aucun droit de suite, d'où la conséquence que la séparation des patrimoines ne le peut engendrer. Cette proposition est à coup sûr très spécieuse, mais d'une prémisse vraie, elle tire une conclusion erronée, car elle suppose que la séparation ne crée pas une situation nouvelle : ce qui est manifestement faux. Est-ce que l'héritier se trouve vis-à-vis des créanciers dans une situation identique à celle du défunt ? Non certes ! et l'art. 2111 prouve péremptoirement que ses pouvoirs ne sont pas ceux qui appartenaient à son auteur. Pourquoi ne peut-il pas hypothéquer à leur préjudice, alors que le défunt le pouvait ? Pourquoi ne peut-il, selon le Rapport du Tribunal de Cassation (Annales parlem. Tome VII , page 159) , *conférer* AUCUN DROIT *qui leur nuise* ? C'est que la situation n'est plus la même : le gage attribué par l'art. 2092 aux créanciers du défunt, c'était tout le patrimoine de celui-ci, ses biens présents et à venir, une entité juridique qui n'avait rien de précis et de déterminé, qui pouvait être ceci aujourd'hui et cela demain. Mais la mort est venue, et avec elle a cessé l'indétermination, parce que le *patrimoine*, pure création juridique, a disparu avec la personne qui le supportait ; la relation s'est rompue et il n'est resté que des biens limités, déterminés et englobés dorénavant dans un nouveau patrimoine. Or ces biens sont le gage des créanciers et non plus un gage vague et indécis, mais un gage fixe et invariable : c'est la logique même des choses qui veut que le droit de suite existe, et je ne crains pas de dire que le législateur eût profondément méconnu une loi rationnelle et nécessaire, s'il ne l'eût pas accordé.

Les créanciers ont pu et dû compter sur ce gage que la mort vient en quelque sorte de *réaliser*, qu'on me passe l'expression, et l'héritier pourra le faire disparaître à son gré ! Lui qui ne saurait le grever d'une hypothèque pourra le vendre, le donner même sans que rien puisse sauvegarder les droits de ceux à qui le législateur n'aurait promis sa protection que pour la leur offrir ridicule et illusoire ! car enfin le droit de surenchérir est lui-même une conséquence du droit de suite, et si celui-ci fait défaut, celui-là disparaît, de telle sorte que voilà les créanciers tenus de respecter une aliénation faite peut-être pour un prix très inférieur à la valeur réelle ! Ils auront, dit-on, l'action Paulienne : c'est là un recours, je le veux bien ; mais n'oublions pas qu'elle suppose prouvées la fraude de l'héritier et la fraude de l'acquéreur, or qu'on veuille bien me dire combien l'on a vu réussir de ces sortes d'actions devant les tribunaux !

M. Dufresne a, lui-même, été effrayé des conséquences d'une telle doctrine, et pour échapper au danger, il en est venu à proposer le système mixte dont j'ai déjà parlé et qu'il suffit d'énoncer pour le réfuter. Un droit de préférence s'exerçant contre les tiers acquéreurs ! Voilà en vérité ce qui ne se serait jamais vu.

98. — J'ose dire d'ailleurs que les partisans de la doctrine que je combats sont contraints d'arriver à des résultats au moins aussi étranges que ceux de M. Dufresne : l'art. 2111, en effet, n'existe pas seul ; à côté de lui se trouve l'art. 2113, dont il est impossible de ne point tenir compte. Nul ne pourrait nier que la disposition de ce dernier article soit applicable à la séparation des patrimoines, car le législateur s'exprime dans les termes les plus formels : *toutes créances privilégiées soumises à la formalité de l'inscription*....., aussi M. Troplong le reconnaît-il sans difficulté, de même que la Cour de cassation l'a constaté dans son arrêt du 29 décembre 1858. Mais s'il en est ainsi, il en résulte que le créancier non inscrit dans les six mois peut encore requérir inscription, sauf à ne prendre rang que du jour où son droit a été rendu public, c'est-à-dire que de privilégié il est devenu simplement hypothécaire, d'où la conséquence que le créancier négligent sera mieux traité que le créancier attentif, que le premier pourra prétendre au droit de suite refusé au second : n'est-ce pas là une chose tout à fait injustifiable ? Bien plus, la séparation restant sans effets entre

créanciers du défunt, il faut reconnaître que le second ne profitera pas moins en définitive du droit de suite accordé au premier. Voulez-vous échapper à ces contradictions? vous êtes contraint de dénier au créancier inscrit, conformément à l'art. 2113, le droit en question, de telle sorte qu'après avoir eu un privilége sans droit de suite en violation de l'art. 2166, nous aurions une hypothèque d'une espèce inconnue en violation de l'art. 2134.

Tout ceci ne prouve-t-il pas jusqu'à l'évidence combien est peu fondée la doctrine adverse? M. Troplong a écrit que le privilége porte une hypothèque dans ses flancs : cela est rigoureusement vrai et élégamment dit, mais le législateur l'avait écrit tout au long, dans l'art. 2113, avant le grand jurisconsulte : TOUTES CRÉANCES PRIVILÉGIÉES *soumises à la formalité de l'inscription à l'égard desquelles les conditions ci-dessus prescrites n'ont pas été accomplies* NE CESSENT PAS NÉANMOINS D'ÊTRE HYPOTHÉCAIRES.....; or, si elles ne cessent pas de l'être, elles l'étaient donc en tant que privilégiées et jouissaient, comme telles, de tous les avantages attachés aux créances hypothécaires et par conséquent du droit de suite. Je ne connaîtrais, pour ma part, qu'un seul moyen d'échapper à cet argument, ce serait de nier que la créance contre le défunt fût privilégiée, mais alors nous retomberions sur l'art. 2111 et la prétendue erreur du législateur.

99.—On a encore argumenté contre nous du projet de réforme hypothécaire discuté par l'Assemblée législative en 1850 et 1851, projet dans lequel se trouvait supprimé le mot *privilége* de l'art. 2111. Je ne sache pas qu'un projet, dont le but était la modification radicale du système hypothécaire, ait jamais pu être considéré comme interprétatif; mais bien plus! c'est que la jurisprudence a, depuis cette époque, protesté plus que jamais contre une suppression impossible à justifier. Depuis lors surtout elle s'est prononcée, avec ensemble, pour le droit de suite de ce *privilége* qu'on rayait d'un trait de plume.

Certes, il y avait dans la réforme hypothécaire de sages modifications ; mais n'allait-elle pas trop loin, plus loin qu'il ne fallait ? N'ébranlait-elle pas ce qu'elle se proposait de simplifier ? Il est permis de le penser : les époques de trouble dans les esprits et d'agitation dans les rues sont peu propices pour la solution de questions qui exigent le calme et la méditation.

On est allé chercher des armes jusque dans les législations étrangères ; on a dit que la loi belge du 16 décembre 1851 avait suivi la voie tracée par l'Assemblée de la France républicaine : cela est vrai ; mais, comme l'a si bien fait remarquer M. Demolombe, il est arrivé qu'en effaçant le nom, le législateur belge a vraiment consacré la chose, puisque, dans l'art. 39, il défend à l'héritier non plus seulement l'hypothèque, mais encore l'aliénation au préjudice des créanciers du défunt.

Concluons donc que le droit conservé par l'inscription de l'art. 2111 est un privilége donnant à ceux qui le peuvent invoquer tous les avantages que la loi y attache : droit de suite comme droit de préférence.

100. — Quelques auteurs ont voulu aller plus loin et faire sortir de l'art. 2111 l'indivisibilité de la séparation des patrimoines : tout dernièrement, M. Barafort (nos 187 et suiv.) a repris cette thèse, condamnée presque universellement par la doctrine et la jurisprudence, et l'a défendue avec le talent qui le distingue.

Il m'est impossible de me rallier à cette opinion : le savant magistrat invoque surtout les dangers que présente, dans certains cas déterminés, la doctrine contraire ; ces dangers sont réels, il serait peu sérieux de le méconnaître ; mais je ne crois pas, cependant, qu'il n'existe aucun moyen de les éviter, et, dans ce but, je vais passer en revue les diverses hypothèses posées par le Président de chambre de la Cour de Lyon.

101. — **A.** Supposons une succession dont l'actif consiste en un immeuble d'une valeur de 20,000 fr., et dont le passif

s'élève à la même somme : elle est dévolue à quatre cohéritiers, dont l'un se charge du bien sous l'obligation de payer aux autres des soultes en argent. Si vous admettez que la séparation des patrimoines n'a point empêché la division des dettes, vous arrivez à ce résultat que l'héritier propriétaire de l'immeuble, c'est-à-dire de tout l'actif héréditaire, payera 5,000 fr. seulement aux créanciers, qui, pour le surplus, resteront exposés à l'insolvabilité des autres copartageants.

Cela est vrai ; mais, d'une part, les créanciers peuvent, conformément à l'art. 882, former opposition au partage, afin qu'il n'y soit pas procédé en fraude de leurs droits ; de l'autre, ils peuvent saisir-arrêter entre les mains du propriétaire les sommes par lui dues à ses cohéritiers. Le droit des créanciers n'est donc pas sérieusement compromis, pourvu qu'ils veuillent bien eux-mêmes se donner la peine de le sauvegarder ; et il est bon de remarquer que la saisie-arrêt est possible, même sans titre. (Art. 558 Procéd.)

B. Voici maintenant une hypothèse plus grave. Le défunt avait donné entre vifs et sans dispense de rapport, à chacun de ces trois héritiers, une somme de 20,000 fr. ; seul le quatrième n'avait rien reçu : que va-t-il arriver ? De deux choses l'une : ou les donataires renoncent à la succession, ou ils l'acceptent. Au premier cas, le quatrième successible se trouve seul héritier, il garde l'immeuble et paye toutes les dettes ; mais, au second, la question se complique étrangement.

Par suite de leur acceptation, les donataires sont tenus de rapporter à la succession les 20,000 fr. reçus ; mais le rapport a lieu en moins prenant (art. 868 et 869), de telle sorte que le quatrième héritier garde encore l'immeuble, tout en ne payant plus que le quart des dettes. Pour le surplus, les créanciers sont exposés à la complète insolvabilité des trois donataires, et, en vérité, cette insolvabilité est ici particulièrement probable, car leur acceptation, qui ne peut en rien leur profiter, semble bien être le résultat d'une collusion entre eux et l'héritier qui conserve l'immeuble.

Ici le péril est certain, évident ; bien des moyens ont été proposés pour l'éviter. Pothier, à l'esprit judicieux de qui il n'avait pas échappé, déclarait qu'il y avait fraude patente de la part des héritiers soumis au rapport, et, par suite, reconnaissait aux créanciers le droit de faire annuler, quant à eux, par l'action Paulienne cette acceptation dolosive.

Mais il faut bien avouer que ce moyen fera le plus souvent défaut, attendu qu'il ne se présentera presque jamais un cas aussi caractérisé que celui-là : quel moyen devra-t-on donc employer ? Je dis quel moyen, car il me parait impossible qu'il n'en existe aucun. M. Barafort, qu'il me permette de le lui dire avec d'autant plus de franchise que j'ai plus d'estime pour l'excellent Traité qu'il vient de nous donner, M. Barafort, dis-je, coupe le nœud gordien en ne voyant de ressource que dans l'indivisibilité de la séparation des patrimoines. Sans doute, le procédé serait radical ; mais il me semble contraire à tous les principes.

Il en existe un autre plus légal que nous pourrons employer : il consiste dans la séparation des patrimoines elle-même. L'héritier qui demande le rapport à son cohéritier est un créancier de celui-ci ; on peut donc demander contre lui, comme contre tout autre, la distinction des patrimoines. Rigoureusement, le rapport devrait s'effectuer en nature, et si, pour les meubles toujours et quelquefois pour les immeubles, le législateur a ordonné qu'il eût lieu en moins prenant, c'est là une *datio in solutum* justifiée par la nécessité de ne pas rendre trop onéreuse la position des héritiers les uns vis-à-vis des autres et de ne pas donner ouverture à des appréciations difficiles, mais enfin une *datio in solutum* ne modifiant pas la situation de celui qui est tenu du rapport et ne dénaturant pas le caratère de son obligation. Donc la séparation des patrimoines agit contre l'héritier créancier de son cohéritier, à raison du rapport dont ce dernier est tenu, comme elle agirait à l'égard de tout autre, et le droit des créanciers est pleinement sauvegardé.

M. Demolombe (Tome V, n° 214 et suiv.) fait remarquer que cette solution de la difficulté, solution qui est d'ailleurs la sienne, n'est pourtant possible que pendant l'indivision. Une fois le partage consommé, l'héritier a cessé d'être créancier, et dès lors la séparation serait sans effets contre lui : les créanciers ont donc tout intérêt à se prévaloir du droit à eux accordé par l'art. 882. Me pardonnera-t-on de ne pas souscrire absolument à l'opinion d'un aussi éminent jurisconsulte? J'ose l'espérer, car aussi bien nos maîtres eux-mêmes nous convient à l'examen de leurs théories. C'est que celle-ci me paraît à certains égards excessive : je m'explique.

L'hypothèse sur laquelle je raisonne compose d'un immeuble l'actif de la succession, et cela n'a pas été sans dessein, car il est plus clair que le jour que la solution de M. Demolombe s'impose nécessairement, si le prélèvement de l'héritier non donataire porte sur des meubles corporels. Mais en tant qu'il s'agit d'immeubles, est-ce que dans ce prétendu acte de partage il ne se trouve pas en réalité deux actes : l'un de partage, qui attribue à l'héritier une portion de l'immeuble équivalente à 5,000 francs ; l'autre de dation en payement représentant les trois qnarts du bien en question, soit 15,000 fr. ? Or à quel titre, pour cette seconde partie, l'héritier serait-il recevable à invoquer contre les créanciers l'effet déclaratif de partage ? J'avoue que, malgré mon respect pour la haute autorité du savant professeur, je conserve ici beaucoup de doutes, et il me semblerait plus rationnel, plus équitable de voir dans l'acte dont je parle une aliénation et de le traiter comme tel au regard des créanciers du défunt.

C. — Voici enfin une dernière hypothèse plus difficile peut-être que les précédentes, hypothèse qui avait exercé l'esprit de Delvincourt (Tome II, page 173). Un père donne à l'un de ses enfants, et sans dispense de rapport, un immeuble d'une valeur de 30,000 fr. ; il meurt, laisse trois enfants et une succession de 150,000 fr grevée de dettes. Le donataire accepte, rapporte

l'immeuble à la succession, et par l'effet du partage cet immeuble tombe au lot d'un héritier autre que le donataire, héritier contre lequel a été demandée la séparation des patrimoines. Nous verrons (n° 111) que la séparation ne peut atteindre les biens rapportés, dès lors que va-t-il se passer ? Les
créanciers ne pourront atteindre que 30,000 fr. sur la part de
l'héritier, bien qu'en réalité il en ait reçu 60,000 : cela est-il
acceptable ? Delvincourt ne l'acceptait pas, et, malgré les critiques que ne lui ménage pas M. Barafort, Delvincourt avait
raison ; il n'est pas besoin encore de recourir à l'indivisibilité
pour obvier au danger signalé.

L'actif brut de la succession est de 150,000 fr., la part de
chaque héritier est de 50,000 fr.; c'est donc cette somme tout
entière que doivent atteindre entre leurs mains les créanciers
héréditaires : j'ose dire que c'est là une vérité de sens commun
contre laquelle tous les arguments ne peuvent rien. Lorsque
l'art. 857 dit : *le rapport n'est pas dû aux légataires ni aux créanciers de la succession,* il n'entend et ne peut entendre, sous peine
d'arriver à l'absurde, rien autre chose que ceci : les créanciers
ne seront point admis à prétendre, dans l'espèce, que l'actif héréditaire s'élève à 180,000 fr., et par conséquent à appréhender
les 30,000 fr. rapportés par le donataire. Tant donc que dure
l'indivision, l'immeuble remis par celui-ci dans la succession
est à l'abri de leurs atteintes; mais vienne le partage et leur
condition change. En réalité il n'y a de rapporté, quant à notre
héritier, que le tiers de la valeur de l'immeuble : voilà la partie
qui ne peut point être atteinte par les créanciers du défunt ;
mais les deux autres tiers ont été reçus par lui en échange de
valeurs héréditaires, et j'ai peine à comprendre comment
M. Barafort, qui partage l'opinion de Voët, refuse d'admettre
ici une doctrine qui en découle comme une conséquence nécessaire, et de permettre aux créanciers de s'attaquer à cette
fraction de l'immeuble, comme ils s'attaqueraient aux valeurs
héréditaires qu'elle représente. Le savant magistrat s'approprie

à cette occasion la réponse de Simonide à Hiéron : il me semble vraiment que la question ne devient obscure que parce qu'on s'y arrête trop longtemps.

102. — J'arrive à la thèse soutenue par M. Barafort touchant l'indivisibilité de la séparation : l'éminent auteur, après avoir critiqué l'arrêt de cassation du 9 juin 1857, passe à la démonstration de sa proposition. Selon lui, les art. 873, 1009 et 1012 posent bien le principe de la division des dettes, principe encore constaté par l'art. 1220, mais ils proclament en même temps que les héritiers sont tenus des dettes *hypothécairement pour le tout* ; si donc l'on pouvait prouver que toutes les créances contre un débiteur deviennent privilégiées ou hypothécaires, dès qu'à son décès est réclamée la séparation des patrimoines, il en résulterait evidemment pour les créanciers le droit d'agir *pour le tout* contre l'héritier détenteur d'un immeuble successoral. Or cette preuve découle des art. 2111 et 2113, car le privilège qui peut dégénérer en hypothèque la porte dans ses flancs.

103. — Cette démonstration, toute spécieuse qu'elle soit, avait été réfutée déjà, et comme par anticipation, dans le Traité des Successions de M. Demolombe : nous ne voulons qu'accentuer davantage l'objection capitale opposée par l'éminent doyen de la Faculté de Caen.

Il va de soi à coup sûr qu'une fois né, le privilège conservé par l'inscription de l'art. 2111 ou l'hypothèque de l'art.2113 est indivisible : la question n'est point là et à cet égard tout le monde est d'accord. Mais à quelle époque naît le privilège ? A celle de l'ouverture de la succession, car jusque-là il ne peut exister ; la créance contre le défunt ne jouit, comme telle, d'aucun droit de ce genre, que faut-il donc pour que cet accessoire vienne s'y adjoindre ? Qu'elle soit devenue une créance contre l'héritier : ce n'est que parce qu'elle est devenue telle qu'un privilège lui est accordé et si le motif de cette préférence se trouve dans l'origine de la créance, l'existence de cette supériorité résulte uniquement de la qualité nouvelle revêtue par les ayants cause du défunt. On se tromperait étrangement, à mon avis, si l'on voulait voir une condition à laquelle se trouve subordonnée l'existence du privilége, dans la nécessité que je viens d'indiquer : pour être conditionnel un droit doit exister avant l'accomplissement de la condition ; or avant l'ouverture de la succession le privilége n'existe en aucune façon, il trouve sa cause efficiente dans la modification de qualité subie par les créanciers du défunt. Ceci dit, je demande si, logiquement, la cause n'a point dû précéder l'effet et par conséquent si le privilége ne trouve pas une créance divisée, lorsqu'il vient s'y adjoindre.

M. Barafort répond qu'il ne saurait s'écouler un seul instant, fût-il de la plus courte durée possible, durant lequel la division pût s'opérer entre les héritiers avant la naissance du droit privilégié des créanciers. Je ne crains pas de dire que l'erreur est là tout entière : en fait, en pur fait M. Barafort est dans le vrai, puisque division et privilége remontent à l'ouverture de la succession ; mais au-dessus du fait il y a le rationalisme juridique qui démontre que, théoriquement, il n'en est pas ainsi, par la nécessité même de la succession de l'effet à la cause.

Je demande vraiment pardon de m'être laissé aller à cette distinction subtile, dirait M. Barafort, et pourtant profondément vraie ; mon excuse sera dans la nécessité de réfuter un jurisconsulte aussi autorisé que l'est le savant magistrat. Et maintenant que peuvent les considérations d'équité , considérations très discutables du reste, ainsi qu'on l'a pu voir ? Que peut cette remarque qu'on arrive ainsi à mieux traiter les légataires que les créanciers ? Faut-il donc, parce que contrairement à tous les principes le législateur a suivi, dans l'art. 1017, une tradition injustifiable, lui faire dire, dans les art. 2111 et 2113, ce qu'il n'a jamais pensé?

Si le sort des créanciers m'intéresse, celui des héritiers ne m'est pas indifférent, or qui ne voit à combien d'actions récursoires aboutit, au grand danger de la paix des familles, le système de l'indivisibilité. Des actions de ce genre ! le législateur a tout fait pour les éviter : c'est dans ce but que, dérogeant au droit commun, il a écrit les art. 875 et 876 ; c'est dans ce but qu'il a sanctionné par l'art. 1220 et malgré les protestations du Tribunal d'Appel de Rouen, le principe de la division des dettes consacré à Rome dans la loi Décemvirale.

104. — L'obligation de résoudre les questions aussi importantes que controversées qui viennent de nous occuper nous a jeté hors de notre voie, il nous tarde d'y rentrer et pour cela de mettre en conflit l'art. 2111 t l'art. 880. Puisque, d'après ce dernier, la séparation peut être demandée relativement aux immeubles *tant qu'ils sont dans la main de l'héritier*, nous n'avons à étudier, en fait de causes de déchéance, que l'aliénation et la confusion.

Eh bien donc l'héritier a aliéné l'immeuble : quel sera le résultat de cet acte pour les créanciers du défunt ? S'ils se sont inscrits avant l'aliénation, rien de plus simple ! celle-ci ne peut pas leur préjudicier, puisque nous avons établi qu'ils jouissaient du droit de suite : leur privilége affecte en effet l'immeuble entre les mains du tiers acquéreur comme il l'eût affecté entre celles de l'héritier.

Mais lorsque l'aliénation s'est accomplie avant l'inscription, la question devient beaucoup plus compliquée et dès lors il ne faut pas s'étonner qu'elle ait fait naître les systèmes les plus divers : faudra-t-il nous excuser d'en présenter un de plus ?

Blondeau (page 480 — note 1) avait trouvé un moyen bien simple de supprimer la difficulté : il déniait à l'héritier la *capacité* d'aliéner pendant les six mois de l'art. 2111 ; avec un tel système le droit des créanciers était complétement sauvegardé, mais ce système était-il admissible ? Il ne faut pas hésiter à répondre négativement : je ne dirai pas avec MM. Aubry et Rau que la séparation des patrimoines ne produit aucun effet à l'encontre de l'héritier lui-même et cependant je reconnais qu'il y a un fonds de vérité dans cette proposition. En fait, la séparation des patrimoines peut bien nuire à la libre disposition des biens par l'héritier ; mais en droit, elle laisse celui-ci dans la condition où elle le trouve, capable ou incapable, selon qu'il a ou non l'exercice de ses droits ; elle n'est point dirigée contre lui et si elle peut l'atteindre, ce n'est jamais que par voie de conséquence. Notre question reste donc entière.

105. — Avant de prendre parti dans la discussion, je demande la permission d'examiner un problème nécessaire à la solution que j'entends proposer. Les créanciers du défunt ont-ils besoin d'être inscrits sur l'immeuble pour primer les créanciers chirographaires de l'héritier?

J'ai pensé que l'art. 2111 avait accordé au droit des demandeurs en séparation une sanction qui, jusqu'alors, avait fait dé·faut, et j'ai tenté de fournir la preuve de cette proposition, mais ce serait à mon avis, se tromper étrangement que de déduire de l'art. 2111 la modification du caractère originaire de ce droit. Tant que vous êtes un ayant cause de l'héritier, tant que vous n'avez pas d'autre droit que le sien, tant que vous ne pouvez pas prétendre à la qualité de tiers pour défendre vos intérêts menacés, il ne saurait vous être permis d'opposer aux créanciers de la succession d'autres causes de déchéance que celles dont l'héritier lui-même serait recevable à exciper. Or, telle est la condition des créanciers chirographaires : les demandeurs en séparation soutiennent contre eux que leur droit universel doit atteindre réellement l'universalité ; quelle réponse ceux-là pourraient-ils donc opposer à cette prétention ? Je tiens dès lors pour certain qu'aucune inscription n'est indispensable à l'encontre des simples chirographaires de l'héritier et je suis d'autant plus à l'aise dans la solution que j'adopte qu'elle a été proposée par MM. Demante (Tome III, n° 226 *bis*), Troplong (sur l'art. 2111), Dufresne (n° 96), Demolombe (Tome V, n° 203) et Barafort (n°s 105 et 148).

106. — Nous pouvons maintenant revenir à notre question principale : pour la résoudre, il faut, dans l'histoire du Droit nouveau, distinguer trois périodes : la première, pendant laquelle le Code Napoléon régit seul la matière des priviléges et hypothèques, la seconde, pendant laquelle le Code de Procédure est venu se combiner avec lui, la troisième, qu'a inaugurée la loi du 23 mars 1855 sur la transcription.

A. — CODE NAPOLÉON. — Sous l'empire exclusif de ce Code, il est de principe que l'aliénation à titre onéreux produit tous ses effets à l'égard des tiers par le seul consentement des parties. Il est bien vrai qu'en haine de ce déplorable système, on a jadis cherché à proposer une doctrine contraire, mais l'on n'a pas pu parvenir à ébranler sérieusement la théorie en faveur : l'œuvre tentée était impossible.

En même temps que ce principe était admis, de l'art. 2166 découlait la règle invariable que le droit de suite appartenait au seul créancier *inscrit*, à moins qu'on ne fût du nombre de ceux à qui le législateur avait accordé une hypothèque dispensée d'inscription. Il ne me semble dès lors pas possible de nier que le droit de suite des créanciers du défunt non inscrits ne fût perdu absolument par le fait d'aliénation : je ne me dissimule pas combien cette proposition choque certaines idées reçues, combien elle parait contradictoire avec l'octroi du délai de six mois de l'art. 2111, combien enfin il peut sembler étrange qu'après avoir accordé aux créanciers un laps de temps considérable pour sauvegarder leurs droits, le législateur le leur enlève indirectement ; néanmoins, cette proposition est pour moi nécessairement vraie, et la contradiction relevée s'explique par l'impossibilité de concilier la publicité des hypothèques avec l'abandon du système de Brumaire, touchant l'aliénation des droits réels immobiliers.

Si le droit de suite était perdu, les créanciers conservaient-ils au moins leur droit de préférence sur le prix encore dû par l'acquéreur ? Au regard des créanciers chirographaires de l'héritier, l'affirmative n'est pas douteuse : elle est l'application pure et simple de la règle : *In judiciis universalibus pretium succedit loco rei* ; j'ai d'ailleurs expliqué ci-dessus mon opinion à ce sujet. Ce n'est donc qu'à l'encontre des créanciers hypothécaires de l'héritier que la solution peut paraître difficile.

Mais d'abord il est clair que si l'aliénation avait été consentie par l'héritier après l'expiration du délai de six mois, de l'art. 2111, les inscriptions prises par ses créanciers personnels, avant l'aliénation, produiraient tout leur effet contre ceux du défunt, puisqu'elles l'eussent produit, quand même le bien serait resté entre les mains de leur débiteur. Pour que le problème se pose, il est donc nécessaire de placer l'aliénation dans les six mois : on admettait généralement la persistance du droit de préférence, mais on fondait la solution sur une raison que je ne saurais accepter : l'art. 2166 n'était pas applicable à la séparation des patrimoines qui n'est point un privilége.

Pour moi, la solution est bonne, si l'argument est inexact. D'après l'art. 2111, aucune hypothèque ne peut être conférée par l'héritier, pendant les six mois, au préjudice des créanciers du défunt, toute hypothèque concédée en violation de cette prescription est donc non avenue quant à ces derniers, et par conséquent les prétendus créanciers hypothécaires restent, vis-à-vis d'eux, de simples chirographaires auxquels est opposable, indépendamment de toute inscription, le droit de préférence.

M'objectera-t-on l'art. 880 ? Je répondrai qu'il fait bien obstacle à ce que la séparation puisse atteindre l'immeuble lui-même et qu'il vient ainsi en aide à l'art. 2166 pour déterminer la déchéance du droit de suite, mais qu'il est absolument sans effet quant au prix de l'immeuble, subrogé au bien dont il prend la place et non encore confondu avec le patrimoine de l'héritier.

M'objectera-t-on que le droit de préférence ne peut pas survivre au droit de suite ? Sans prendre parti sur cette question

8

qui partage la doctrine et la jurisprudence en deux camps presque égaux (11), je dirai qu'il ne s'agit ici de rien de semblable. Le droit des créanciers d'une succession d'être payés sur les biens qui la composent avant ceux de l'héritier est, en principe, indépendant de toute inscription ; il naît de la nature même des choses, comme le disait Pothier, et lorsqu'on creuse la question, il est impossible de ne pas reconnaître que la séparation des patrimoines n'est pas, considérée au point de vue du titre des Successions, un véritable privilège. Que fait donc l'art. 2111 ? Il vient, dans l'intérêt des créanciers du défunt

---

(11) Je n'avais pas l'intention d'aborder cette grande question, qui ne se présente à moi que d'une façon tout à fait incidente, mais j'ai craint qu'on ne se méprit peut-être sur ma manière de voir et j'ai dès lors été amené à m'expliquer, le plus brièvement possible, sur l'important problème qui divise les esprits les plus sérieux.

En principe, je n'admets pas que le droit de préférence puisse survivre au droit de suite et je partage complétement, contre le Conseil d'Etat, l'opinion de la Cour de Cassation. Ce n'est pas que, pratiquement, il y ait impossibilité absolue à cette survivance, l'art. 2198 suffisait à démontrer le contraire, même avant la loi du 21 mai 1858 ; mais logiquement la persistance du droit de préférence me paraît contraire à la nature de l'hypothèque. Celle-ci est en effet une et indivisible : elle ne se compose pas de deux droits distincts qu'on puisse isoler l'un de l'autre sous le prétexte que, s'adressant à des personnes différentes, ils n'ont pas le même but et l'art. 2114 me paraît, en principe, faire obstacle à cette division, à ce dédoublement incompatibles avec la nature de l'hypothèque.

C'est, en général, au sujet de la purge des hypothèques légales que s'engage la discussion à ce sujet, c'est là que M. Troplong l'a abordée. Le savant magistrat, l'un des plus fermes et des plus convaincus soutiens de la doctrine qui, adoptée par le Conseil d'Etat, a partiellement triomphé dans la loi précitée, me paraît partir d'un principe radicalement faux, lorsqu'il considère la purge des hypothèques légales comme une purge *translative* ; avec la vigueur d'argumentation qui le distingue, l'éminent président de la Cour Suprême a lui-même démontré que les art. 2193 et suivants avaient exclusivement en vue le cas de vente volontaire et qu'il n'était jamais entré dans l'esprit du législateur de rejeter ce principe fondamental de notre ancien droit : *Décret forcé nettoie toutes hypothèques.* Bien que la Cour de Cassation ait, par arrêt des Chambres réunies en date du 22 juin 1833, abandonné cette doctrine séculaire et entraîné avec elle la majorité des Cours impériales, c'est une opinion irréfutable que celle de M. Troplong. On a pu se laisser toucher par l'intérêt des incapables, on n'a jamais pu fournir aucune réponse sérieuse aux arguments du grand jurisconsulte. Si donc nous partons de ce principe que le Code Napoléon ne s'est occupé de la purge des hypothèques légales qu'au sujet des ventes volontaires, il faudra conclure que le Code Napoléon seul devra suffire à nous éclairer sur le caractère de cette purge.

Eh bien donc l'art. 2180 porte : *Les privilèges et hypothèques s'éteignent :* 1°..., 2°..., 3°, *par l'accomplissement des formalités et conditions prescrites aux tiers détenteurs pour purger les biens par eux acquis;* or il ne fait aucune distinction entre la purge des hypothèques inscrites et celle des hypothèques dispensées d'inscription, dès lors il faut examiner si la purge du chapitre IX a le même but que celle du chapitre VIII de notre titre.

comme dans celui des tiers, soumettre à des conditions de publicité un droit qui, affectant un immeuble, doit, dans le système nouveau, être connu de tous. De ce mode de conservation du droit, il fait bien, à quelques égards, sortir un privilége, mais il n'altère point pour cela le droit primitif, celui qui permet aux créanciers du défunt de se faire payer sur les valeurs héréditaires avant tous autres, indépendamment de toute formalité, dès que ces valeurs ne sont pas immobilières. Et il en est tellement ainsi que la plupart des auteurs n'hésitent pas à adopter la doctrine proposée sous le n° 105 ; or,

---

Les art. 2183 et 2184 indiquent nettement quel est le caractère de cette dernière : le tiers acquéreur doit notifier aux créanciers inscrits un extrait de son titre, leur faire connaître le prix d'acquisition et les charges de ce prix ou l'évaluation par lui donnée au bien acquis à titre gratuit, il doit enfin se déclarer prêt à acquitter sur le champ les dettes hypothécaires jusqu'à concurrence de ce prix ou de cette évaluation ; tout cela prouve péremptoirement que nous sommes ici en face d'une purge *translative*. Et de fait il n'en saurait être autrement : le tiers acquéreur ne se trouvait obligé que *ob rem* envers les créanciers hypothécaires, il ne pouvait jamais être tenu qu'à délaisser : or par l'offre du prix qu'il leur fait, il devient tout au contraire leur débiteur personnel et cette nouvelle obligation a pour cause et non pas pour condition, comme on l'a dit, l'obligation corrélative imposée aux créanciers de lui laisser la propriété libre des charges pesant sur elle de leur chef. C'est donc la nature même des choses qui fait de la purge du chapitre VIII une purge *translative*.

Comment en serait-il de même de celle du chapitre IX ? Dans l'art. 2194 il n'est pas dit un mot d'une offre d'acquittement des dettes ; or pour que l'hypothèque puisse se reporter du bien sur le prix, il faut évidemment que le créancier ait acquis au bien acquéreur pour obligé : tant qu'il n'en sera pas ainsi, qu'il y ait eu purge ou non, ce dernier restera toujours avec sa qualité originaire. Aussi la comparaison des art. 2194 et 2184 démontre-t-elle bien que la purge du chapitre IX n'a pas d'autre but que de forcer le créancier à s'inscrire : plus de notifications semblables à celles qu'exigeait tout à l'heure le législateur, si bien qu'on a pu dire à ceux qui professent la doctrine contraire que, si les rédacteurs du Code avaient cherché à mettre le créancier hypothécaire dans l'impossibilité de surenchérir, ils n'eussent pu rien trouver de mieux que la disposition de l'art. 2194. De ce droit de surenchère, la loi en effet ne dit rien, elle ne fixe pas les délais assignés à son exercice, elle n'en ordonne pas les formes et l'on a même fait remarquer qu'il peut se présenter tel cas où la surenchère d'un créancier à hypothèque légale non inscrite sera manifestement impossible, comme si une vente judiciaire volontaire a déjà été suivie d'une surenchère, car à elles deux, les adjudications n'auront point purgé les hypothèques légales et si l'on procède à la purge, aucune surenchère n'est plus permise.

La purge du chapitre VIII dispense l'hypothèque de toute inscription sur l'immeuble, selon M. Troplong lui-même, si d'ailleurs aucun incident n'intervient : eh bien, la purge du chapitre IX a des conséquences toutes différentes : elle exige au contraire l'inscription sur l'immeuble et d'après l'avis du Conseil d'Etat, en date du 22 janvier 1808, une inscription persévérante, puisque les hypothèques dispensées d'inscription sont soumises à

n'est-ce point là ce qui démontre la différence capitale que je signale entre la séparation et les priviléges ou hypothèques. Suppose-t-on un privilége non inscrit? L'art. 2106 met forcément au rang des simples chirographaires celui qui eût pu se prévaloir de son droit supérieur. S'agit-il d'une hypothèque? C'est l'art. 2134 qui entraîne le même résultat. Si donc la séparation échappe à ces conséquences, c'est qu'elle a un autre caractère : elle atteint tout ce qui forme le patrimoine du défunt ; dès qu'un objet s'y trouve compris, il est frappé par le droit supérieur des créanciers, qui ne demandent point la persistance d'un droit de préférence, mais seulement, comme je l'ai déjà dit, que leur droit universel embrasse réellement l'universalité. Et, en effet, que faut-il pour que le droit des créanciers demandeurs en séparation soit frappé de déchéance ? Il faut que la confusion de fait ou de droit se soit produite, qu'il n'y ait plus deux patrimoines mais un seul ; or, précisément,

---

l'obligation du renouvellement décennal de l'art. 2154, une fois qu'elles ont été placées sous le coup de la règle de la publicité. Nous ne nous chargeons pas d'expliquer cette décision dans la doctrine adverse, tandis qu'elle est toute naturelle dans notre opinion.

Il me paraît donc impossible de soutenir que les purges dont le législateur a tracé les règles dans les deux chapitres précités tendent au même but et dès lors il faut conclure que si la purge des hypothèques inscrites est *translative*, celle des hypothèques légales est *extinctive* quand celles-ci, sollicitées à s'inscrire conformément à l'art. 2194 ne se sont pas exécutées dans le délai de deux mois de l'article 2095.

Et si l'hypothèque est éteinte, elle l'est pour le tout, car le législateur n'a pas ici écrit d'exception à la règle comme dans l'art. 2198 et je répète que l'indivisibilité, caractère propre de l'hypothèque, oppose, en principe, un obstacle absolu à ce qu'elle puisse vivre pour partie. Telles étaient les traditions de notre vieux droit ; elles résultaient de l'édit de 1771, copié par le législateur de 1804, bien qu'il ait, avec juste raison, préféré l'inscription à l'opposition au sceau ; telles sont aussi les conséquences légitimes des dispositions écrites dans notre code. Chose étrange ! M. Troplong reprend avec quelque dureté Delvincourt pour avoir tenté, quant au privilége du vendeur et en face de l'art. 834 du Code de procédure, ce que lui-même essaye ensuite quant à la purge des hypothèques légales ! la réfutation me paraît valoir contre lui.

Je tiens donc pour certain que, sous l'empire du Code Napoléon, le droit de préférence ne pouvait, *comme tel*, survivre au droit de suite en dehors des exceptions expressément écrites dans la loi et que telle est encore aujourd'hui la solution véritable du problème. La loi du 21 mai 1858 a bien pu faire échec aux principes en faveur des incapables : je le constate sans rechercher si le législateur a réellement prévu toutes les difficultés qui allaient naître de la loi nouvelle et les a sainement appréciées, mais cette nouvelle et peut être fâcheuse exception ne me semble pas devoir modifier les conclusions de la doctrine que j'adopte.

le prix resté dû empêche la confusion de fait, et avant les six mois il ne peut y avoir, en ce point spécial, de confusion de droit, puisque toute hypothèque conférée par l'héritier est non avenue à l'égard des créanciers de la succession.

En résumé, de deux choses l'une : ou l'on nie la nature même de la séparation des patrimoines, et, dès lors, il faut résolument appliquer les art. 2106 et 2134, même vis-à-vis des simples créanciers chirographaires ; ou l'on argumente de la nature de la séparation contre ces derniers, et alors on doit logiquement adopter les conséquences du système à l'encontre des créanciers de l'héritier, dont le droit hypothécaire est comme inexistant pour les ayants cause du défunt. Mais, qu'on le remarque bien : la première solution est impossible et personne n'a voulu l'accepter jusqu'au bout, car elle ne tend à rien moins qu'à décider, avec Zachariœ, que l'aliénation enlève aux créanciers tout droit sur le prix comme sur l'immeuble. Et si cela est vrai pour cette dernière espèce de biens, cela doit l'être *à fortiori* pour les meubles, de telle sorte que, de conséquence en conséquence, on en arrive à se trouver en arrière de Voët lui-même, rompant ainsi avec les traditions comme avec les principes.

Je conclus donc que, sous l'empire exclusif du Code Napoléon, l'aliénation de l'immeuble par l'héritier, avant l'expiration des six mois, pouvait bien faire perdre le droit de suite aux créanciers du défunt, mais ne les empêchait pas de se faire payer sur le prix encore dû, même avant les créanciers hypothécaires de l'héritier.

Au contraire, l'aliénation postérieure à l'expiration des six mois faisait perdre aux créanciers du défunt non inscrits et le droit de suite et le droit de préférence à l'égard des créanciers hypothécaires, tandis qu'ils conservaient celui-ci contre les simples créanciers chirographaires.

B. — CODE DE PROCÉDURE. (Art. 834 et 835.) — La discussion à laquelle je viens de me livrer va maintenant me permettre d'abréger, car les mêmes principes me serviront de guide dans cette nouvelle face de la question.

On connait l'origine des art. 834 et 835 du Code de Procédure civile, on sait que ces deux dispositions constituaient bien plus une mesure fiscale qu'une modification raisonnée du Droit civil, un moyen de révoquer sans scandale l'avis du Conseil d'Etat, portant la date du 11 fructidor an XIII, qu'une amélioration de la législation au point de vue des intérêts privés (12). Quoi qu'il en soit, le but de l'art. 834 était seulement de déroger à l'art. 2166 du Code Napoléon, en permettant à l'inscription de se réaliser même après l'aliénation et jusqu'à l'expiration de la quinzaine qui suivait la transcription. S'inscrivait-on dans ce délai? le droit de suite et le droit de préférence étaient saufs; passé ce délai, le droit de suite était irrévocablement perdu, mais en était-il de même du droit de préférence? L'affirmative me semble évidente : toute la question se réduit donc pour nous à savoir s'il ne faut pas faire exception quant à la séparation des patrimoines.

Les jurisconsultes qui refusent le droit de suite à la séparation des patrimoines ne sont pas ici le moins du monde embarrassés : pour eux le problème n'existe pas. Si l'art. 834, en effet, constitue une simple dérogation au principe posé dans l'art 2166, il ne saurait toucher en rien un privilége à l'égard duquel l'art. 2166 n'existe pas. Ai-je besoin de dire que cette

---

(12) Quelques jurisconsultes avaient soutenu, en invoquant les art. 2182 et 2198, que sous le Code Napoléon la transcription seule purgeait les inscriptions non inscrites ; cette opinion absolment fausse fut adoptée par l'Administration de l'Enregistrement dont elle servait les intérêts fiscaux et ses agents reçurent l'ordre d'inscrire tous les titres de créances présentés aux Conservations avant la transcription. Le Conseil d'Etat, saisi de la question par le Ministre de la Justice, condamna la doctrine de l'Administration par son avis du 11 fructidor an XIII, avis qui ne fut pas inséré au Bulletin des Lois, grâce aux réclamations d'une régie dont il allait diminuer les produits. Lors de la rédaction du Code de procédure civil, on demanda au Conseil d'Etat de revenir sur sa décision, celui-ci refusa de rédiger un Avis contraire à celui qu'il avait déjà donné au Gouvernement ; pour tourner la difficulté on introduisit dans le Code de Procédure deux dispositions favorables aux prétentions du fisc. Ces dispositions modificatives du Code Napoléon sont les art. 834 et 835.

manière de voir ne saurait être la mienne, bien qu'en définitive je parvienne à un résultat analogue.

La solution que j'ai présentée pour la première période conciliait, et ce n'est pas un mince avantage, les art. 880 et 2111 ; ici l'accord ne serait plus possible. Pourquoi ? Parce que l'art. 834 du Code de Procédure dérogeant à l'art. 2166, la législation nouvelle devait nécessairement modifier, quant aux créanciers privilégiés ou hypothécaires, toutes les dispositions du Code Napoléon qui étaient en rapport étroit avec le principe abrogé. Mais précisément les art. 880 et 2166 étaient en complète harmonie, donc l'art. 834 du Code de Procédure a dû modifier l'art. 880 du Code Napoléon. M. Troplong a écrit, à ce sujet, qu'il ne faut pas être prodigue d'abrogations : le conseil est sensé et très certainement bon à suivre en thèse générale, mais ici il me semble manquer d'à-propos ; cette proposition d'ailleurs ne m'étonne pas dans la bouche de l'éminent jurisconsulte qui, refusant le droit de suite à la séparation des patrimoines, était conduit à faire concilier sa manière de voir sur ce point spécial avec la théorie principale qu'il adoptait : aussi son autorité se trouve-t-elle, quant à nous, particulièrement ébranlée à cet égard.

On a prétendu que l'art 834, faisant exception pour le privilége du copartageant, devait être réputé appliquer la même solution au privilége de l'art. 2111. En législation, les exceptions sont de Droit étroit, il n'est donc pas permis de les créer par induction, et cela est, au cas particulier, d'autant moins nécessaire, que les principes seuls suffisent à produire un résultat analogue. Sans doute ceux qui admettaient l'opinion suivant laquelle l'exception relative au privilége de l'art. 2109 avait trait au droit de suite comme au droit de préférence, ceux-là, dis-je, ne peuvent pas souscrire à ma manière de voir : elle me paraît tout au contraire en complet accord avec la doctrine opposée.

Pour moi donc, l'art. 834 du Code de Procédure, en dérogeant

à l'art. 2166, a du même coup dérogé à l'art. 880 : l'expiration
du délai de quinzaine prend ici la place de l'aliénation du Code
Napoléon, et dès lors la solution s'impose. Ce délai a-t-il pris
fin avant l'expiration des six mois de l'art. 2111 ? Les créanciers du défunt non inscrits ont bien perdu leur droit de suite,
mais ils ont conservé le droit d'être payés sur le prix resté dû
avant tous les créanciers de l'héritier, fussent-ils hypothécaires.

Ce délai a-t-il pris fin, au contraire, après l'expiration des
six mois ? Les créanciers du défunt ont non-seulement perdu
leur droit de suite, mais encore celui d'opposer la séparation
aux créanciers hypothécaires de l'héritier, bien qu'ils puissent
toujours se faire payer sur le prix resté dû avant les simples
chirographaires.

C. — Loi du 23 Mars 1855. — Le législateur de 1804 avait,
plus ou moins franchement, plus ou moins volontairement,
admis le principe que la propriété immobilière est transférée à
titre onéreux par le seul effet des conventions, même à l'égard
des tiers. Ce pas en arrière avait des conséquences si regret-
tables que les attaques les plus vives et les plus méritées
vinrent atteindre son œuvre. De toutes parts s'élevèrent des
protestations : les publicistes économiques démontrèrent sans
pitié le danger d'un tel système ; les jurisconsultes eux-mêmes,
qui, selon M. Laboulaye (et M. Baroche semble, dans une discussion récente, avoir reproduit la même accusation), ont
rarement, en France, servi la cause du progrès, prirent la
parole au nom des intérêts compromis, et, cinquante et un ans
après la promulgation du Code, la cause fut enfin gagnée ! La
loi du 23 mars 1855, qui a eu pour but d'assurer la publicité
des diverses mutations de la propriété immobilière, aussi bien
que des démembrements, servitudes et charges pouvant en
diminuer la valeur, cette loi, dis-je, a modifié radicalement le
principe ancien et attribué, vis-à-vis des tiers, à la transcription les effets jusque-là réservés à la simple convention.

Son article 6 est ainsi conçu : *A partir de la transcription, les créanciers privilégiés ou ayant hypothèque, aux termes des art. 2123, 2127 et 2128 du Code Napoléon, ne peuvent pas prendre inscription sur le précédent propriétaire. Néanmoins, le vendeur et le copartageant peuvent utilement inscrire les priviléges à eux conférés par les art. 2108 et 2109 du Code Napoléon, dans les quarante-cinq jours de l'acte de vente ou de partage, nonobstant toute transcription d'actes faits pendant ce délai. Les art. 834 et 835 du Code de procédure civile sont abrogés.*

Le regrettable M. Mourlon dit à cette occasion (Répét. écrit., tome III, page 674) : *Quant aux auteurs qui veulent voir dans la séparation un privilége proprement dit, opposable aux tiers acqué-reurs de même qu'aux créanciers de l'héritier, que penseront-ils du régime nouveau?* Je ne prendrai pas la liberté de me pro-noncer sur ce que pensent du régime nouveau les auteurs en question; je dirai seulement qu'il me paraît avoir fait aux créanciers une situation meilleure que celle qui leur apparte-nait sous le Code Napoléon, et, en outre, avoir rétabli l'accord rompu par le Code de procédure entre les art. 880 et 2111. Dans la discussion de la loi nouvelle, il est remarquable qu'il n'ait rien été dit de la séparation des patrimoines : ni M. Suin, dans l'Exposé des motifs, ni M. de Belleyme, dans le Rapport de la Commission du Corps Législatif, n'ont cru devoir en parler, et cet oubli est vraiment d'autant moins excusable qu'un membre de la Commission, M. Duclos, avait formelle-ment demandé que la loi garantît, par l'octroi d'un délai quel-conque, l'exercice du droit conféré aux créanciers d'un défunt par l'art. 2111.

De ce silence et de la déclaration faite par M. Rouher que la loi nouvelle ne déroge au Code Napoléon que dans les cas prévus par elle, M. Barafort conclut à la persistance du droit de suite après l'aliénation et la transcription. M. Demolombe soutient l'opinion contraire, qui, seule, me semble exacte. La loi nouvelle abroge les art. 834 et 835 du Code de procédure ;

nous nous retrouvons donc en face de l'art. 2166, qui n'accorde le droit de suite qu'aux priviléges *inscrits*, et de l'art. 880, qui ne permet à la séparation de s'appliquer aux immeubles que *tant qu'ils sont dans la main de l'héritier*; mais comme la transcription seule, d'après la loi de 1855, enlève à ce dernier la propriété du bien aliéné, en ce qui touche aux droits des tiers, comme, d'un autre côté, les créanciers du défunt, argumentant d'un droit qui leur est propre, sont des tiers vis-à-vis de l'héritier, il en résulte forcément que la transcription remplace, à leur égard, la simple convention suffisante sous le Code Napoléon pour dépouiller l'héritier de la propriété de l'immeuble, et que, dès lors, la solution découle nécessairement de cet état de choses.

En vain invoque-t-on la déclaration de M. Rouher ; elle ne pourrait servir d'appui à l'opinion adverse qu'à charge par elle d'établir préalablement que, sous le Code Napoléon, le droit de suite des créanciers non inscrits survivait à l'aliénation ; or une telle décision violerait, selon moi, tout à la fois l'art. 2166 et l'art. 880. Mais, parvînt-on à établir cette proposition qu'on ne serait pas arrivé au but qu'on se propose : il est hors de doute que la loi nouvelle a voulu réglementer, au profit de la sûreté des transactions, l'exercice du droit de suite; elle a donc, dès lors, prévu implicitement ou explicitement tous les cas dans lesquels celui-ci se trouve en jeu. Comment ! le législateur aurait, après d'incessantes réclamations, voulu consolider la propriété immobilière, protéger le crédit des acquéreurs, et il aurait admis en même temps que le droit de suite puisse venir s'attaquer à un immeuble dont la transmission a été rendue publique ! mais ce serait contradictoire ! Sans doute il a fait, dans l'art. 6, deux exceptions : l'une au profit du vendeur, l'autre en faveur du copartageant; mais qu'on veuille bien remarquer qu'il a en même temps réduit de 60 à 45 jours le délai accordé au copartageant, et lorsqu'il s'est tu, malgré provocation, sur les créanciers d'un défunt, on permettrait à ceux-ci d'atteindre l'immeuble pendant un temps qui peut s'élever à six mois ! Cela me paraît de tous points impossible : certes, l'intérêt des créanciers est très respectable, mais celui des tiers acquéreurs l'est bien plus encore ; dans le système de M. Barafort, c'est l'œuvre même du législateur mise en échec par un intérêt privé très restreint, ce qui me semble inacceptable.

Je dirai donc : la transcription se place-t-elle dans les six mois de l'art. 2111 ? les créanciers du défunt non inscrits ont perdu tout droit de suite, mais ils peuvent se faire payer sur le prix encore dû même avant les créanciers hypothécaires de l'héritier : se place-t-elle au contraire après l'expiration des six mois ? ils ont perdu et leur droit de suite et leur droit de préférence à l'encontre des créanciers hypothécaires, bien qu'ils aient conservé ce dernier contre les simples chirographaires.

Telle est la solution à laquelle je m'arrête sur l'important problème qui vient de nous occuper : ce que je reproche aux systèmes proposés par d'éminents auteurs, c'est de ne tenir aucun compte de l'art. 880 qu'on réduit à néant. Je veux bien que l'art. 2111 ait plus ou moins entamé cette disposition, mais en définitive elle existe dans le Code, il faut lui faire sa part. Toute théorie qui n'arrive point à ce résultat me semble, pour cette raison, entachée d'un vice radical.

107. — Nous venons de parler de l'immeuble lui-même, on peut maintenant supposer que l'héritier l'ait grevé d'un droit de servitude, d'usufruit, d'usage ou d'habitation ou se soit borné à consentir une antichrèse, un bail de plus de 18 ans : quels seront les résultats de ces actes à l'égard des créanciers du défunt.

Le Tribunal de Cassation, dans son Rapport sur le Contre-Projet émané de lui, posait en principe que l'héritier ne peut conférer *aucun droit* sur les immeubles au préjudice des créanciers. M. Demolombe (n° 194) professe encore aujourd'hui cette doctrine qui ne me paraît point mériter les critiques à elle adressées par M. Barafort : il ne s'agit pas en effet de donner à la langue du droit *une élasticité dont elle ne saurait être suscep-tible*, il s'agit de déduire de la nature même du droit de l'héri-tier les conséquences logiques qui en découlent. Or les ayants cause de l'héritier ne peuvent avoir plus de droits que leur au-teur lui-même sur les biens de la succession et comme celui-ci n'a la faculté de les appréhender qu'à charge de payer les dettes du défunt, ses ayants cause doivent être de même condition que lui. On peut donc conclure que tous les droits de ce genre concédés par l'héritier sont, par analogie avec ce que décide le législateur pour l'hypothèque, non opposables aux créanciers pendant les six mois de l'art. 2111.

Objecte-t-on que cet article n'a trait qu'à l'hypothèque et ne parle que des *créanciers* de l'héritier ? On peut répondre que l'art. 2111 est la reproduction textuelle de l'art. 8 du Contre-Projet et que la doctrine de ses auteurs était très ferme sur ce point. Aussi bien ne faut-il pas oublier que nous sommes ici dans le Titre des Priviléges et Hypothèques et il n'y a pas dès lors à s'étonner que le législateur qui ne dit pas un mot de l'aliénation totale, ne se soit pas occupé de celle d'un simple démembrement.

Objectera-t-on que l'héritier qui peut le plus, c'est-à-dire l'aliénation totale, doit pouvoir le moins, c'est-à-dire l'aliénation partielle ? Je réponds que ce principe est bien loin d'être vrai dans tous les cas en matière juridique et si l'on en veut un exem-ple frappant, je le prendrai dans le Titre même des Successions. L'art. 865 fait rentrer *franc et quitte de* TOUTES CHARGES l'im-meuble sujet à rapport et cependant l'art. 859 tient pour irré-vocable l'aliénation.

Je conclus donc que les créanciers du défunt, en s'inscri-vant dans les six mois, sont recevables à ne point tenir compte des aliénations dont je viens de parler.

108. — En traitant, relativement aux meubles, les questions qui m'occupent, j'ai été amené à parler de la confusion comme d'une cause de déchéance pour les créanciers du défunt. A l'é-

gard des immeubles, la confusion produirait des effets identiques à ceux que j'ai déjà constatés, mais la confusion des immeubles est-elle possible ?

Ulpien disait, à Rome, qu'elle n'était pas facilement admise : nous pouvons le répéter après lui. En dehors de l'aliénation, il est très difficile de concevoir comment elle s'opérerait et même alors qu'on supposerait une aliénation *in globo* d'un immeuble héréditaire et d'un bien appartenant à l'héritier, une ventilation permettrait presque toujours de fixer la part du premier dans le prix.

Que si l'on suppose, de la part de l'héritier, des actes dont le résultat serait de changer absolument la nature du bien du défunt, comme une construction importante sur un sol nu, l'assèchement d'un étang, etc., il ne me paraîtrait pas en découler nécessairement la confusion. Dans le premier cas, un droit hypothécaire ne serait pas atteint (art. 2133), pourquoi celui des créanciers du défunt le serait-il ? Dans le second ou autres analogues, je ne saurais voir une confusion nécessaire, car le bien est encore là, bien qu'il ait en quelque sorte perdu son nom.

Je reconnais toutefois qu'il y aura, dans ces hypothèses, une véritable question de fait à résoudre qui pourra, de plus, se compliquer de celle de la renonciation tacite des créanciers à leur privilége.

§ 2. — Sur quels biens peut porter la séparation des patrimoines.

109.— L'institution dont nous nous occupons, a pour but de distinguer le patrimoine du défunt de celui de l'héritier, afin que les créanciers de la succession puissent exercer, sans concours, le droit à eux conféré par l'art. 2092. Tous les biens donc sur lesquels portait ce droit de gage, quelle que soit d'ailleurs leur nature, corporelle ou incorporelle, mobilière ou immobilière, pourront être l'objet de la demande en séparation; tous ces biens, disons-nous, mais aussi rien que ces biens, d'où nous devons conclure qu'elle ne saurait atteindre ceux qui, à un titre quelconque, ne formaient pas le gage des créanciers.

C'est ainsi qu'il faut tout d'abord exclure les droits attachés à la personne du défunt, dans le sens de l'article 1166 ; ce qui nous conduit à nous demander s'il en sera de même à l'égard de certains droits qui, tels que l'action en désaveu, l'action en réclamation d'état, l'action en révocation d'une donation, pour cause d'ingratitude, échappent à cette règle restrictive, une fois passés dans les mains des héritiers. L'affirmative n'est pas douteuse : que veulent les créanciers demandeurs en séparation ? Conserver pour leur gage exclusif le patrimoine du défunt : or. ces actions, quant à eux, n'y sont point comprises ; c'est donc seulement en qualité de créanciers de l'héritier qu'ils peuvent être recevables à invoquer l'article 1166. Bien loin donc de leur conserver exclusivement l'exercice de telles actions, la séparation des patrimoines aurait pour résultat le plus certain de les empêcher de s'en prévaloir, car ce serait, de leur part, accepter l'héritier pour débiteur et encourir la déchéance édictée par l'article 879.

110. — De même est-il évident que la séparation des patrimoines ne saurait atteindre les biens déclarés insaisissables par les lois. Telles sont les Rentes sur l'Etat auxquelles une prétendue raison d'intérêt public, aussi discutable au point de vue économique qu'elle l'est au point de vue moral, a fait attribuer ce caractère par les lois du 8 Nivôse an VI et 22 Floréal an VII.

Quant aux biens dont l'insaisissabilité résultait d'une condition attachée par un donateur ou un testateur à une libéralité faite au défunt, la solution doit être encore ici celle que j'ai présentée plus haut. En tant que patrimoine du défunt, ces biens n'étaient pas le gage de ses créanciers, comment donc la séparation des patrimoines les pourrait-elle atteindre ? Ce qui leur enlève leur qualité d'insaisissabilité, c'est leur passage dans le patrimoine de l'héritier, les créanciers ne peuvent donc les appréhender qu'en qualité d'ayants cause de celui-ci.

111. — Enfin, les biens rapportés à la succession par l'héritier *donataire* non plus que ceux qui y rentrent par l'effet de la réduction, ne peuvent être frappés par la séparation des patrimoines, et cela par une raison péremptoire écrite dans les art. 857 et 921, c'est que les créanciers du défunt n'ont aucun droit sur ces biens irrévocablement sortis, quant à eux, du patrimoine de leur débiteur.

Mais le bon sens dit assez que si le législateur a appliqué le nom de *rapport* à l'obligation imposée à l'héritier *légataire* de laisser dans la succession les biens à lui légués sans clause de préciput, les créanciers du défunt ont néanmoins, à l'encontre de ce légataire comme de tout autre, le droit de se prévaloir de la séparation, car ces biens-là du moins sont encore dans le patrimoine du *de cujus* et forment le gage de leurs créances.

112. — Ces exceptions faites, il faut reconnaître que la séparation des patrimoines peut atteindre tous les biens du défunt, quels qu'ils soient, et porter, selon l'intérêt des créanciers, soit sur l'universalité elle-même, soit sur tels ou tels biens déterminés.

Et ce que nous avons déjà dit prouve qu'on doit comprendre dans les *biens du défunt* le prix encore dû de ceux qui ont été aliénés par l'héritier ou les biens acquis par lui en échange de ceux de la succession.

L'application de la règle : *Subrogatum capit naturam subrogati* soulève toutefois, dans deux hypothèses inverses, deux questions intéressantes. Supposons que l'héritier ait échangé un bien mobilier contre un immeuble : en appliquant la maxime précitée, faut-il dire que l'immeuble va se comporter, vis-à-vis des créanciers, comme le bien qu'il remplace. d'où la conséquence que ceux-ci se trouveront déchus de leur droit, s'ils n'ont pas opposé la séparation dans le délai de trois ans ?

Pour l'affirmative, on pourrait dire : le bien acquis par l'héritier n'a jamais fait partie, en tant qu'immeuble, de la succession, c'est par fiction seulement qu'il est réputé entrer dans le patrimoine du défunt ; dès lors, les créanciers ne peuvent tout à la fois, pour sauvegarder leurs droits, invoquer cette fiction et en rejeter les conséquences. On ajouterait que cette subrogation doit bien avoir pour effet de conserver les droits des créanciers mais non de les améliorer, en en modifiant le caractère.

Telle ne serait pas mon opinion. Le fondement de l'art. 880 est la présomption de la confusion des patrimoines mobiliers après que s'est écoulé un laps de trois ans, or ici la présomption manque de base et d'exactitude, donc la première partie de l'article 880 n'est pas applicable. Que ce soit par l'effet d'une fiction que le bien acquis remplace celui de la succession, je l'accorde, si l'on y tient, à la condition toutefois qu'on n'en voudra pas déduire des conséquences exagérées : la séparation des patrimoines a pour raison d'être l'équité, il ne faut pas en venir à violer ouvertement celle-ci pour le plus grand honneur d'un brocard fort subtil. En fait, le bien sur lequel doit s'exercer la séparation est immobilier, il ne se peut gérer que comme un immeuble.

Et voilà bien pourquoi je pense que l'inscription seule de l'art. 2111 ou de l'art. 2113, suivant les cas, peut sauvegarder le droit des créanciers du défunt soit vis-à-vis des tiers acquéreurs (ce qui est indubitable), soit même à l'égard des créanciers de l'héritier qui jouiraient d'une hypothèque. Peu m'importe encore ici cette fiction qu'on invoque : il est dans l'esprit de notre législation que tout privilège frappant un immeuble soit rendu public, c'est là une considération d'ordre supérieur que ne sauraient ébranler des arguments plus ou moins spécieux.

En sens inverse, si un immeuble avait été échangé contre un

meuble, pourrait-on invoquer la seconde partie de l'art. 880 et demander la séparation de celui-ci aussi longtemps qu'on l'aurait pu pour celui-là ? La solution me semble devoir être analogue, en thèse générale, à celle de la question précédente : en fait, c'est d'un meuble qu'il s'agit, toutes les présomptions relatives à cette nature de biens doivent donc trouver ici leur place, sans qu'on ait à se préoccuper de la fiction dont nous parlions plus haut.

Toutefois, quand il s'agit du prix encore dû de l'immeuble vendu par l'héritier, j'hésiterais à proposer cette dernière solution, et il me semble qu'il n'y a point lieu de crier ici à la contradiction, car toutes ces questions, qui reposent à peu près exclusivement sur les faits, me semblent devoir recevoir des réponses différentes selon les circonstances. Dans le cas précédent, le meuble est entre les mains de l'héritier et la présomption de confusion s'explique toute seule, même lorsqu'on supposerait que ce meuble est un bien incorporel ; dans celui-ci le prix est entre les mains de l'acquéreur, l'origine de la créance est indiquée à tous, la présomption de l'art. 880 manque de base solide.

113. — Puisque la séparation des patrimoines peut atteindre tous les biens de la succession, elle frappera les créances appartenant au défunt comme elle frapperait un droit de propriété ; et il n'y a pas à distinguer si cette créance existe contre un tiers ou contre l'héritier lui-même, car, au dernier cas, la séparation aura pour résultat de faire obstacle à la confusion et d'empêcher l'espèce d'extinction de la dette qu'elle produirait. Cependant il importe essentiellement, selon moi, de remarquer que si la séparation des patrimoines conserve le droit des créanciers et l'améliore même dans une certaine mesure, il est des effets qu'elle est absolument impuissante à engendrer : je désire d'autant plus vivement entrer ici dans quelques explications que je vais me trouver en complet dissentiment avec M. Barafort.

9

On suppose que le *de cujus* avait vendu un immeuble à son héritier moyennant un prix dont celui-ci restait débiteur. La créance du vendeur était privilégiée (art. 2808) et de plus garantie par l'action en résolution qui lui compétait (art. 1654), mais le *de cujus* n'a ni fait transcrire son contrat, ni pris inscription sur l'immeuble, de telle sorte que l'héritier étant ultérieurement exproprié, le vendeur se trouve avoir perdu tout à la fois (conséquence de l'inobservation des prescriptions édictées par l'art. 6 de la loi du 22 mars 1855) son privilége et son action résolutoire Devenu dès lors simple créancier chirographaire, il viendra sur le prix de l'immeuble en concours au marc le franc avec les autres créanciers de même condition ; eh bien, l'on demande si, dans une telle hypothèse et après le décès du vendeur, ses propres créanciers pourront, dans l'ordre ouvert sur l'héritier, se prévaloir de la séparation des patrimoines.

M. Barafort (n° 108) étudiant l'arrêt de cassation du 16 septembre 1828, ne veut se ranger ni à la doctrine de la Cour suprème ni à l'opinion contraire soutenue par M. Dufresne (n° 53), et le savant magistrat croit devoir distinguer entre le cas où les créanciers de l'héritier sont hypothécaires et celui où ils sont chirographaires : dans le premier il se décide pour la négative , alors qu'il adopte la solution inverse daus le second.

Je crois la distinction inutile, et je me refuse absolument à accorder à l'éminent magistrat les conséquences qu'il semble vouloir en déduire. Il importe avant tout de faire bien comprendre quel serait, dans l'espèce, le résultat produit par la séparation des patrimoines.

114. — Quel est le but de la séparation des patrimoines ? D'empêcher la confusion de s'opérer, de faire en un mot que la succession demeure la débitrice des créanciers, la succession dont l'on pourrait dire en quelque sorte : *hereditas vicem perso-* *nœ defuncti sustinet !* Voilà le but de la séparation : c'est de là que vont découler toutes les conséquences ultérieures. Eh bien,

en pure théorie, pour que ce résultat soit possible, il importe infiniment peu que les créanciers de l'héritier soient privilégiés, hypothécaires ou chirographaires; il importe infiniment peu que le patrimoine du *de cujus* renferme une créance ou toute autre espèce de biens, et que cette créance soit elle-même privilégiée, hypothécaire ou chirographaire, car cette créance qui se trouve dans le patrimoine du défunt doit y rester et y rester telle qu'elle est, dès que la séparation est opposée.

Qu'importe que les créanciers de l'héritier soient hypothécaires ? Il en sera après le décès ce qu'il en eût été avant : ils primeront les créanciers du vendeur, comme ils eussent primé le vendeur lui-même.

Qu'importe qu'ils soient chirographaires ? Il en sera encore après le décès ce qu'il en eût été avant : ils concourront avec les créanciers du vendeur, comme ils eussent concouru avec le vendeur lui-même.

En principe donc, il ne se trouve, dans l'espèce proposée, aucun obstacle radical à l'exercice du droit de séparation des patrimoines; mais, en fait, il en existe un véritablement invincible : cet obstacle est son inutilité absolue.

Ce qu'il faut bien reconnaître, en effet, c'est que la séparation des patrimoines ne peut pas améliorer la condition des biens sur lesquels elle porte, si elle peut améliorer celle des créanciers; elle laisse donc ces biens tels que les a trouvés la mort du *de cujus*, et, dès lors, la créance du vendeur, privilégiée ou chirographaire, selon que le privilége a été conservé ou non, s'exerce comme telle et ne peut, à aucun titre, changer de condition.

Que va-t-il donc se passer lorsque les créanciers du vendeur déchu de son privilége vont se présenter à l'ordre ? C'est qu'en face des créanciers hypothécaires de l'acquéreur devenu l'héritier, ils pourront seulement arguer des droits de leur débiteur, et qu'ils seront nécessairement primés par eux, comme leur auteur l'eût été lui-même. Qu'importe qu'ils opposent la séparation des patrimoines ? Celle-ci ne peut pas donner à la créance du défunt une qualité nouvelle, car cette créance est. la matière sur laquelle s'exerce le privilége, et non pas une créance privilégiée. Ils sont donc sans intérêt à invoquer un droit qui resterait absolument inefficace.

Les suppose-t-on en face de créanciers chirographaires de l'héritier ? La solution est de tous points la même. M. Barafort émet une opinion contraire : je ne puis comprendre sur quels principes l'éminent magistrat prétendrait la fonder. *Les créanciers de la succession*, dit-il (page 157), *sont-ils en concours avec de simples chirographaires de l'héritier acquéreur de l'immeuble, nous admettons, comme les arrêts de Lyon et de la Cour de cassation, que le bénéfice de la séparation est acquis aux premiers qui devront* PRIMER *les seconds.*

Primer les seconds ! mais pourquoi donc ? M. Barafort allègue que le prix encore dû est un bien de la succession qui, par la séparation doit rentrer dans le patrimoine du défunt. La séparation ne peut rien de semblable : ce qu'elle fait, c'est de mettre la créance du défunt à l'abri des créanciers de l'héritier, la créance, mais non pas le prix ! car le prix ne se trouve pas dans la succession comme un bien corporel qui puisse être séparé, isolé. Ce qui s'y trouve, c'est un bien incorporel avec les chances, les hasards attachés à cette nature de biens : n'est-ce donc pas confondre l'obligation avec son objet que de substituer l'un à l'autre ?

Si, quand il s'agit d'action réelle, on peut bien prendre l'objet que celle-ci doit atteindre pour le droit lui-même, c'est que précisément le droit réel est un droit *de préférence*; or, il n'en est pas ainsi du droit personnel. Tout ce à quoi pourraient prétendre les créanciers du défunt demandeurs en séparation, ce serait à exercer, du chef de celui-ci, le droit attaché à sa qualité de vendeur, et à l'exercer comme le vendeur l'eût pu faire lui-même, en tant que simple chirographaire. Tout ce à quoi ils pourraient prétendre, en vertu de la séparation, ce serait de concourir avec les créanciers de l'héritier sur le prix de l'immeuble ; ce serait, en un mot, d'empêcher la confusion de faire obstacle à la persistance de l'obligation. Mais ce qu'ils réclameraient, en tant que créanciers du défunt, est justement ce à quoi ils ont droit, en tant que créanciers de l'héritier : il en résulte donc que la séparation est ici sans objet, et, faute d'intérêt, ne peut être invoquée par personne.

Je ne puis, par conséquent, pas souscrire à la distinction proposée par le savant magistrat · pour moi, c'est la doctrine tout entière des arrêts de Lyon et de la Cour de cassation qu'il faut rejeter. Encore bien moins donc puis-je accorder à M. Barafort que l'argument qui ne veut pas faire les créanciers de meilleure condition que le vendeur, les ayants cause que leur auteur, soit un argument *spécieux*, et lorsque l'éminent président oppose que, se fondant sur le bénéfice de la séparation, ceux-ci invoquent un privilége qui leur est personnellement acquis par le vœu de la loi, je ne crains pas de dire qu'il dénature complétement la séparation des patrimoines, en confondant avec le droit *propre* des créanciers les droits sur lesquels s'exerce leur privilége. Si le *de cujus* avait vendu à un tiers, est-ce que ses créanciers pourraient se prévaloir de la séparation à l'effet d'être préférés sur le prix à ceux de l'acquéreur ? Non certes! et M. Barafort le reconnaît lui-même ; eh bien, la séparation aurait pour résultat de faire de l'héritier un tiers, par rapport aux créanciers du défunt : donc la conclusion ne saurait, au cas particulier, être différente de celle qui vient d'être reconnue vraie.

De ce que je viens de dire, il résulte naturellement que, si le privilége et l'action en résolution du vendeur se trouvaient conservés, les créanciers du défunt pourraient, à leur gré, exercer, du chef de celui-ci, l'action résolutoire de l'art. 1654 ou invoquer le privilége de l'art. 2108 : ils ne le pourraient, toutefois, que par la séparation des patrimoines, puisqu'elle seule, en conservant la créance du *de cujus*, leur permettrait d'exercer ses droits conformément à l'art. 1166.

115. — On s'est demandé si la séparation pouvait atteindre les fruits produits par les biens héréditaires depuis l'ouverture de la succession. Aux yeux de Lebrun la question ne faisait pas difficulté et il enseignait nettement l'affirmative (Liv. IV, chap. II, sect. 1. n° 24) ; elle me parait encore devoir être admise, malgré les critiques dont elle a été l'objet de la part de Grenier (Tome II, n° 436), de Rolland de Villargues (n° 55). de Dubreuil (chap. VI, n° 3), de Massé et Vergé (Tome II, page 332).

MM. Aubry et Rau (Tome V, § 619, notes 18 et 19), argumentent pour le soutien de notre proposition, de la maxime : *Fructus augent hereditatem* qui, rejetée par les auteurs du Code dans l'art. 138, ne conserverait pas moins sa puissance dans d'autres cas. C'est là une affirmation qui ne vaut que ce que valent en général les affirmations pures et simples, et qui, d'ailleurs, me semble difficilement admissible en face de l'art. 1005; je n'accepte donc pas ce secours et je fonde ma solution sur une autre base.

Les fruits naturels industriels ou civils appartiennent au propriétaire par droit d'accession, dit l'art. 547 ; je n'examine pas si, philosophiquement, cette proposition est exacte ou non, je dis que, juridiquement, elle est vraie et que l'héritier n'est propriétaire des fruits que par droit d'accession aux fonds héréditaires, dès lors aussi qu'il n'acquiert cette propriété que sous l'obligation écrite dans l'art. 724. C'est donc en vain que l'on objecte que ces fruits n'ont jamais fait partie du patrimoine du défunt, car ils sont les accessoires des biens qui les produisent et de même condition qu'eux.

On oppose encore que ces fruits se sont confondus avec le patrimoine de l'héritier : la question n'est point là. Sans doute s'il en est ainsi, la séparation sera impossible, mais pourquoi ?

Non pas pour ce motif que les biens à atteindre sont des fruits nés après le décès, mais parce qu'il sera survenu une cause de déchéance du droit des créanciers. En droit donc, cette objection n'est pas sérieuse et elle ne l'est pas davantage en fait, car nous indiquerons bientôt par quel moyen les créanciers peuvent empêcher la confusion de se produire.

116. — M. Demolombe s'est posé la question (n° 130) de savoir si les sommes que l'héritier aurait reçues, à titre de réparation civile du meurtre du défunt, pourraient être atteintes par la séparation. La négative est manifeste : ces sommes sont la réparation du préjudice que le meurtre a causé à l'héritier : elles font donc partie de son patrimoine personnel.

Mais, évidemment aussi, il en serait autrement de celles qu'aurait reçues le défunt lui-même en réparation de coups et blessures à la suite desquels il aurait succombé, postérieurement à la condamnation.

III

Des formalités auxquelles doivent recourir les créanciers de la succession, et des effets de la Séparation des Patrimoines.

§ 1. — Des Formalités auxquelles doivent recourir les créanciers de la succession.

117. — Il ne suffit pas que le législateur accorde aux créanciers du défunt le droit d'être préférés sur les biens de la succession à ceux de l'héritier, il faut encore, puisque ce droit peut être frappé de déchéance, qu'il leur fournisse le moyen de le conserver. Nous allons donc rechercher par quelles voies il leur est possible d'empêcher la confusion des patrimoines de

s'opérer, confusion qui serait absolument destructive, comme nous l'avons vu, du privilége qui leur est conféré.

A cet égard, nous distinguerons entre les meubles et les immeubles, car les formalités à employer, selon qu'il s'agit des uns ou des autres, ne peuvent que varier essentiellement.

118. — On a dit que le législateur n'avait, quant aux meubles, édicté aucune règle, fourni aucun moyen pour empêcher la confusion et il faut reconnaître que les art. 878 à 881 du Titre des Successions gardent, sur ce sujet, le plus complet silence.

Ce silence serait inexplicable, s'il n'existait nulle part de dispositions qui puissent être invoquées ici et d'autant plus inexplicable serait-il que précisément le Tribunal d'Appel de Bordeaux l'avait signalé, en demandant au législateur de s'expliquer catégoriquement. Voyons donc s'il n'est pas possible de combler cette prétendue lacune et si le silence gardé par le Code ne tient pas uniquement à ce qu'il se devait trouver ailleurs des dispositions applicables.

L'art. 909 du Code de Procédure civile permet à *tous créanciers* fondés en titre exécutoire ou autorisés par une permission soit du président du tribunal de première instance, soit du juge de paix du canton, de requérir l'apposition des scellés; ils peuvent, même sans autorisation et conformément à l'art. 927, y former opposition. Dès lors, d'après l'art. 931, les scellés ne peuvent plus être levés, sans que sommation leur soit faite d'assister à l'opération, et ce sera ensuite à eux qu'il appartiendra de choisir un mandataire (art. 932) pour les représenter dans toutes les vacations.

L'art. 941 combiné avec l'art. 909 leur donne enfin le moyen d'obtenir la confection d'un inventaire : sans doute cet inventaire ne suffira pas à empêcher la confusion, mais il fixera du moins la consistance du mobilier et permettra aux créanciers d'exercer leurs droits en pleine connaissance de cause.

119. — A l'égard des créances appartenant au défunt, l'art.

557 (Procéd.) permet à tout créancier porteur d'un titre authentique ou privé, et l'art. 558, au créancier même dépourvu de titre, pourvu qu'il obtienne l'autorisation du juge, de saisir-arrêter entre les mains des tiers les sommes dues au *de cujus*.

Enfin une saisie-exécution peut frapper les autres biens meubles de la succession, mais il importe de remarquer ici que l'art. 583, exigeant la signification préalable d'un commandement et le commandement supposant toujours un titre *exécutoire*, les seuls créanciers porteurs de tels titres devront être admis à employer ce moyen.

La même remarque s'appliquerait à la saisie-brandon (art. 626) nécessaire pour atteindre les fruits *pendants par racines*, comme s'exprime le Code de Procédure civile, et à la saisie des rentes constituées (art. 636).

On voit donc que les créanciers ont un intérêt sérieux à rendre exécutoires contre l'héritier les titres qui l'étaient déjà contre le défunt, or l'art. 877 du Code Napoléon leur en fournit le moyen. Mais pour les créanciers sans titre ou même ceux dont les titres n'étaient pas exécutoires contre le *de cujus*, ce moyen n'existe pas, et il se peut même qu'ils soient hors d'état de le suppléer par une condamnation obtenue contre l'héritier, soit parce que celui-ci aura, sur les premières poursuites, opposé l'exception dilatoire des art. 797 (Code Nap.) et 174 (Procéd.), soit parce que leurs créances se trouveront être à terme ou conditionnelles.

Nous sommes dès lors conduit à nous demander si le législateur n'a rien fait pour eux et s'ils devront assister impassibles à leur ruine qui s'achève.

120.—Contre les saisies qui, du chef des créanciers de l'héritier ou d'autres créanciers du défunt, viendraient frapper les biens de la succession, le danger peut être facilement évité. Aux premiers ils opposeront la séparation des patrimoines, aux seconds ils demanderont d'être admis à concourir sur le prix. Bien loin donc de leur être préjudiciables, ces saisies ne feront, avec un peu de vigilange de leur part, que servir leurs intérêts.

Mais contre l'héritier lui-même que l'inventaire n'empêche, ni en fait ni en droit, d'aliéner les meubles, ce moyen est impraticable : il doit donc en exister un autre ; nous croyons qu'il se trouve dans l'art. 807 du Code Napoléon.

Il est vrai que cet article est placé dans la section qui traite du bénéfice d'inventaire, mais il est vrai aussi que les mêmes causes doivent produire les mêmes effets : or, si l'héritier, qui ne veut pas se voir contraint sur ses biens personnels, doit fournir caution bonne et solvable de la valeur du mobilier aux créanciers qui la requièrent, il le doit également, lorsque ceux-ci, par suite du peu de confiance qu'il leur inspire, réclament la séparation des patrimoines.

On objecte qu'elle n'est pas demandée contre l'héritier personnellement mais bien contre ses créanciers : nous avons déjà répondu à cet argumeut. Oui certainement, ce sera aux seuls créanciers que pourra s'opposer le droit de préférence ; mais il ne s'agit point ici de s'en prévaloir, il s'agit uniquement de faire en sorte que l'héritier ne confonde pas frauduleusement son propre patrimoine avec celui du défunt, il s'agit d'empêcher la perte du privilége des créanciers : or il est de principe que toute personne est recevable à faire les actes conservatoires de ses droits. **Et**, en vérité, contre qui donc ici les ferait-on, si ce n'était contre l'héritier lui-même ?

On oppose que nul ne peut être tenu de fournir caution si la loi ou son titre ne l'y oblige. Nous pourrions répondre qu'on résout la question par la question même, mais nous ne le ferons pas, car, suivant nous, la loi, entendue dans son esprit et non pas seulement dans sa lettre, conduit à cette solution. L'on voudra bien reconnaître, en effet, que si, sous le régime du bénéfice d'inventaire, c'est-à-dire sous un régime établi en faveur de l'héritier, celui-ci peut être astreint à donner caution, il y aurait plus que de l'inconséquence à ne pas le soumettre à cette obligation, lorsque la distinction des patrimoines est réclamée en prévision de son insolvabilité.

En résumé, comme l'a si bien dit M. Demolombe (n° 146), qui veut la fin veut les moyens, et lorsque la loi accorde un privilége, il est impossible d'admettre qu'elle refuse en même temps la faculté de le conserver. A l'égard des immeubles qui, cependant, offrent aux créanciers et aux légataires, par leur nature même, une sérieuse garantie, les art. 1017 et 2111 fournissent ces moyens que nous demandons, et l'on voudrait que la loi fût muette pour les meubles, c'est-à-dire pour des biens dont la confusion peut s'opérer instantanément et l'aliénation. s'effectuer à toute heure ! Nous nous refusons absolument à prêter au législateur un tel oubli des nécessités d'une situation créée par lui, nous conclurons donc qu'il appartient au juge de déterminer souverainement les mesures à prendre pour arriver à la conservation des droits des créanciers, et notamment d'exiger de l'héritier qu'il fournisse caution, lorsqu'il en sera justement requis.

Comparer sur cette importante question, objet d'une ardente controverse, les auteurs suivants : pour la doctrine adoptée par nous, Blondeau (page 478, note 1), Dufresne (n° 22), Demolombe (n° 146), Barafort (n° 88) ; contre elle, Aubry et Rau (page 230), Massé et Vergé (page 332), Dalloz (1853, II, 33, note 2).

121. — Enfin, nous pensons que le juge pourrait, le cas échéant, ordonner le dépôt, le séquestre ou la consignation des meubles et valeurs mobilières.

La Cour d'Aix a fait de ces principes une application qui mérite d'être signalée : un propriétaire avait loué un immeuble : à la mort du locataire, il demanda, en réclamant la séparation des patrimoines, le dépôt à la Caisse des dépôts et consignations des sommes provenant de la vente des biens de la succession jusqu'à concurrence des loyers *échus et à échoir*.

Le Tribunal de Marseille rejeta sa prétention quant aux

loyers *à échoir*, en fondant sa décision sur le motif qu'à l'égard de ces loyers, le bailleur n'était ni creancier à terme ni créancier conditionnel, et il ordonna la radiation de l'inscription prise par lui sur les immeubles héréditaires. Je suis, pour ma part, très éloigné de contredire, au point de vue purement doctrinal, la théorie admise par le Tribunal de Marseille, quant à la nature de l'obligation du preneur, et il ne me coûte pas de dire qu'à mes yeux aussi, cette obligation n'est ni à terme ni conditionnelle, mais bien successive (13) ; j'ajoute, toutefois, que si la solution de cette question peut bien être cherchée en vue de la loi à venir, elle ne doit pas l'être à l'encontre de la loi présente, puisque l'art. 2102 prouve jusqu'à l'évidence le rejet par le législateur de celle qui me paraît la plus rationnelle.

Ce qu'il faut voir dans le jugement du Tribunal de Marseille, c'est donc bien plus une protestation contre le privilége du

(13) Cette question a eu le fâcheux privilége de soulever des tempêtes : il ne pouvait guère en être autrement en présence d'une doctrine qui, conférant au locateur, le droit de se faire payer tous les loyers à échoir, en cas de faillite du locataire, avait pour conséquence de faire réaliser au premier un bénéfice considérable, lorsque tous les créanciers voient peut être leur patrimoine englouti dans un désastre commun. Pour justifier la solution admise par le législateur et constatée par la jurisprudence, on a cherché à établir soit que l'obligation du preneur était à terme, soit tout au moins qu'elle était conditionnelle. Ce dernier système a l'avantage sérieux de sauvegarder jusqu'à un certain point l'équité et de ne point aboutir aux conséquences déplorables auxquelles la logique doit inévitablement conduire le premier, mais est-il rationnel : je ne saurais le croire.

L'article 1168 a défini la condition ; quel est donc l'événement futur et incertain auquel dans le contrat de louage, on attribue ce caractère ? C'est dit-on l'incertitude de la jouissance, promise par le locateur au locataire, jouissance future et non immédiatement réalisable qui pourra dès lors être procurée ou non. Soit ! mais alors quel est l'objet de l'obligation du locateur ? Cette jouissance elle-même apparemment, de telle sorte que la condition, modalité de l'obligation, se confondrait avec son objet. Ceci me paraît inacceptable. Si la jouissance, chose future, qui, aux termes de l'article 1130, peut être l'objet d'un contrat n'est pas fournie au locataire, c'est que cette chose future n'aura pas existé, c'est que l'obligation du locateur n'aura pas eu d'objet, c'est qu'enfin celle-ci sera inexistante de par l'article 1108. Faire la confusion à laquelle aboutit ce système, c'est créer une langue juridique injustifiable, car la condition, simple modalité de l'obligation, suppose cette obligation possible indépendamment d'elle ; elle suppose nécessairement une obligation ayant tous les éléments nécessaires à son existence, éléments énumérés dans l'article 1108. A mes yeux donc l'obligation du locateur n'est pas conditionnelle et dès lors celle du locataire ne peut pas l'être davantage.

Cette dernière obligation est-elle à terme ? je ne puis le croire. Le terme,

bailleur qu'une doctrine vraiment fondée sur les textes. Les magistrats de cette grande place de commerce n'ont pas pu rester impassibles devant les réclamations qu'a soulevées et que soulève encore tous les jours le droit exorbitant, conféré au locateur par la loi et ils ont cherché à éluder les conséquences logiques de la situation. A tort, selon nous, car ce droit existe et tant que le législateur n'aura pas jugé a propos de le restreindre, il doit être respecté et sauvegardé comme tout autre.

Le jugement du Tribunal de Marseille ne pouvait donc faire autorité, aussi a-t-il été réformé par Arrêt de la Cour d'Aix, en date du 22 mars 1849. L'art. 2102 accorde privilége au bailleur même pour les loyers *à échoir*, c'est donc que le législateur l'a considéré à tout le moins comme un créancier conditionnel. Concevrait-on un privilège qui ne serait l'accessoire de rien ? C'est à cela pourtant qu'en arrivait le Tribunal de première instance.

---

d'après l'article 1185, ne suspend point l'engagement, il en retarde seulement l'exécution ; si donc l'obligation du preneur est à terme, celui-ci se trouve dès la passation du contrat, obligé à tout ce qui en constitue l'objet, mais la cause de cette obligation, c'est la jouissance promise d'après l'article 1709, or cette jouissance est une chose qui pourra exister ou non, qui n'existe et ne persiste en tout cas, que par la prestation même du bailleur, c'est-à-dire une chose dont la réalisation est successive et n'engendre dès lors l'obligation du locataire qu'au fur et à mesure qu'elle lui sera fournie. S'il en était autrement, l'article 1722, serait inexplicable, car d'après les principes, ce serait l'article 1184 qu'il faudrait invoquer ; la résiliation devrait être prononcée en justice et non point avoir lieu de plein droit. Aussi le système en question est-il obligé de recourir à l'existence d'une condition résolutoire pour rendre raison de l'article 1722 mais cette condition ne peut pas être celle de l'article 1184, qui d'ailleurs n'en est pas une, ainsi que je viens de l'établir, et elle peut encore bien moins être une condition du genre de celle de l'article 1183, puisque s'accomplissant elle n'anéantit pas le contrat dans le passé. C'est donc que l'obligation du preneur existait alors, c'est donc qu'elle avait une cause, une cause qui a cessé et qui ne peut *cesser* qu'à charge d'être successive.

On objecte que nous faisons de l'obligation du preneur, une obligation réelle : il faut distinguer dans le contrat de louage, des obligations d'espèces différentes Le bailleur est obligé à fournir la jouissance pendant un temps déterminé ; le preneur, à tenir à bail pendant ce même temps. Mais le paiement du loyer a pour cause la jouissance fournie, car elle n'en saurait avoir d'autre rationnellement.

Voir sur ce sujet important : Alb. Desjardins (Revue Critique, tome XXIX, pages 1 et suivantes). — Thiercelin (Même Revue, tome XXX, pages 37 et suivantes). — Delamare, (Journal le *Temps* du 31 mai 1867). — Mourlon (Revue pratique, tome XXIII, pages 385 et suivantes)

122. — Nous pouvons maintenant passer à ce qui a trait aux immeubles. A leur égard, l'art. 2111 fournit aux créanciers le moyen de conserver leur privilége, moyen tout à la fois suffisant et nécessaire : il consiste en une inscription prise, dans le délai de six mois à dater de l'ouverture de la succession, *sur chacun* des immeubles du défunt.

Sur chacun de ces biens ! cette inscription doit donc remplir les conditions exigées par les art. 2148 et 2149 combinés. Il ne peut d'ailleurs pas être douteux que si les créanciers avaient, par l'expiration du délai de six mois, laissé leur privilége dégénérér en hypothèques conformément à l'art. 2113, les mêmes prescriptions devraient encore être observées pour l'inscription de celle-ci.

De ce que je viens de dire, il résulte *à contrario* que si l'inscription ne portait pas *sur chacun* des immeubles de la succession, le privilége ne serait conservé que relativement aux immeubles désignés dans l'inscription. Ceci me conduit à l'examen d'une jurisprudence qui, toute vicieuse qu'elle soit, paraît tendre à se généraliser.

123. — Voici un créancier *hypothécaire* du défunt ; son hypothèque est, supposons-le, conventionnelle : nous demandons s'il est nécessaire qu'il ait recours à la séparation des patrimoines et à l'inscription de l'art. 2111, pour se mettre à l'abri, sur le bien hypothéqué, du concours des créanciers hypothécaires de l'héritier.

Aux termes de l'art. 2129, l'hypothèque conventionnelle est toujours spéciale et il en est ainsi même alors que, conformément à l'art. 2130, elle affecterait les biens à venir. Lorsque le créancier l'a dûment conservée par la publicité en temps utile (art. 2146), avec l'observation des formalités voulues (art. 2148), qu'il n'a pas en outre omis de renouveler son inscription dans les délais (art. 2154), il se trouve protégé contre le concours de tous ceux qui se sont inscrits après lui ou dont la créance est purement chirographaire. On ne voit pas dès lors *à priori* quel

intérêt peut avoir ce créancier à demander, quant au bien hypothéqué, la séparation des patrimoines et à prendre, dans ce but,
l'inscription requise par l'art. 2111. Aussi a-t-il été maintes
fois jugé qu'un tel créancier n'avait pas besoin de remplir les
formalités rappelées ci-dessus pour repousser les ayants cause
de l'héritier.

Tant qu'elle se maintient dans des limites légitimes, cette
doctrine me paraît certaine : je dois cependant ajouter qu'elle
a été l'objet d'une objection qu'il importe d'approfondir.

124. — *Primus* a concédé à l'un de ses créanciers une hypothèque sur le fond Sempronien, hypothèque que celui-ci a inscrite le 1er juin 1867 ; *Primus* meurt, laissant pour héritier
Secundus, dont les biens présents et à venir sont grevés d'une
hypothèque légale ou judiciaire remontant au 1er janvier 1867 :
quelle sera la situation du créancier de *Primus* vis-à-vis du
créancier de *Secundus* ?

On a prétendu que ce dernier devait, en dehors de la séparation des patrimoines, l'emporter sur le créancier de Primus,
attendu l'applicabilité de l'adage : *Qui prior est tempore, potior
est jure*, puisque le droit hypothécaire du premier, remontant
au 1er janvier, est plus ancien que celui du second dont la date
est du 1er juin.

Si une pareille doctrine était fondée, il faudrait reconnaître
hautement et publier que le crédit hypothécaire dont, jadis,
M. Troplong prenait énergiquement la défense contre l'Ecole
Saint-Simonnienne, n'est qu'un véritable piège tendu à ceux
qui s'y confient : aussi n'hésitons-nous pas à la rejeter absolument malgré la haute et légitime autorité des jurisconsultes
qui la soutiennent: Malpel (n° 217), Grenier (Tome II, n° 420),
Blondeau (page 490, note 1), Cabantous (Revue de législ., tome
IV, page 31), Pont (sur les art. 2106-2113, n° 300).

Nous savons très bien que l'article 2252 accorde à tout créancier pourvu d'une hypothèque légale (générale) la faculté

d'exercer son droit sur tous les immeubles qui appartiennent actuellement ou qui appartiendront dans la suite à son débiteur ; nous savons très bien que l'art. 2135 fixe au jour de l'acceptation de la tutelle ou à celui de la célébration du mariage la date de l'hypothèque légale du mineur ou de la femme mariée *pour raison de sa dot et de ses conventions matrimoniales* ; nous savons très bien que l'art. 2148 stipule qu'une seule inscription frappe, pour les hypothèques légales et judiciaires, tous les immeubles compris dans l'arrondissement du bureau : nous savons très bien tout cela ; mais, en résumé, ces articles sont impuissants à enfanter la doctrine qu'on propose, doctrine dont ils sont bien loin de renfermer les fondements.

Ce n'est pas, bien entendu, que nous venions proposer, sur l'art. 2140, une seconde édition de la théorie jadis présentée par Tarrible (Répert. verbo. Inscription, page 240) et justement condamnée par la doctrine et la jurisprudence ; nous croyons parfaitement, en effet, qu'une seule inscription est suffisante et nécessaire, dans les cas où la publicité de l'hypothèque est requise, pour atteindre les immeubles à venir au moment où ils entrent dans le patrimoine du débiteur ; nous ne voulons pas, comme l'a écrit M. Troplong (tome III, n° 691), *tenir le créancier aux aguets de toutes les acquisitions que pourra faire son débiteur ;* nous ne voulons pas cela, car la question n'est point là : à dire le vrai, elle est toute différente de celle dont nous parlons.

Qu'au fur et à mesure qu'un immeuble entre dans le patrimoine de *Secundus*, il se trouve atteint par l'hypothèque générale : cela est incontestable ; mais ce qui ne devrait pas l'être moins, c'est que cette hypothèque ne peut l'atteindre que tel qu'il se comporte à ce moment ; or, à ce moment, il est grevé d'un droit réel, il entre dans le patrimoine de *Secundus* affecté de ce droit, doué de cette qualité qui, opposable à *Secundus*, doit l'être à ses créanciers. Ce qui est en jeu sous cette question, c'est véritablement la distinction des tiers et des ayants cause, distinction d'une importance capitale, qui peut seule, suivant nous, fournir une solution certaine.

Le créancier pourvu d'une hypothèque qui s'attache aux immeubles présents et à venir de son débiteur, a pour gage spécial de sa créance tout le patrimoine immobilier de celui-ci, dans la limite, bien entendu, de l'art. 2118. Son droit repose sur une universalité susceptible d'augmentation ; il faut donc, lorsqu'il invoque son droit hypothécaire sur tel bien déterminé, qu'il établisse préalablement l'entrée de ce bien dans l'universalité; or comment y parviendra-t-il, si ce n'est en argumentant des droits de son débiteur ? Lors donc qu'il s'agit de déterminer l'assiette de son droit hypothécaire, le créancier est l'ayant cause de ce dernier : d'où la conséquence qu'il ne saurait avoir plus de droits que le débiteur lui-même. Sans doute, pour ce qui a trait à la conservation du droit hypothécaire, une fois ce droit assis et déterminé, le créancier est un tiers à qui ne peuvent nuire les actes du débiteur; mais pour la détermination de l'assiette du droit lui-même, il n'est et ne peut être qu'un ayant cause, puisqu'il est obligé de se prévaloir de celui de son auteur pour donner au sien une base corporelle. Si ces principes sont vrais, comme nous le croyons, il en découle nécessairement la conséquence que le droit hypothécaire du créancier ne peut atteindre l'immeuble entré dans le patrimoine de *Secundus* que tel qu'il se comporte au moment du passage.

Lors donc qu'on fait remonter au 1er janvier 1867 le droit hypothécaire du créancier, on oublie qu'à cette époque le fonds Sempronien manquait pour lui servir d'assiette. Si le droit hypothécaire existait, il n'existait du moins qu'en puissance, attendant, pour se réaliser, le passage de l'immeuble du patrimoine du défunt dans celui de l'héritier.

Qu'importe maintenant l'art. 2148 ? Il a trait aux formalités requises pour la validité de l'inscription; mais il ne s'occupe pas et n'avait point à s'occuper de déterminer l'époque à laquelle

10

les biens à venir sont frappés par le droit hypothécaire du créancier.

'Qu'importe également l'art. 2135? Il fait remonter, il est vrai, aux époques déjà indiquées l'hypothèque légale du mineur ou de la femme mariée; mais il ne dit pas sur quels biens remonte ainsi l'hypothèque.

Les éminents jurisconsultes qui défendent encore aujourd'hui la doctrine contraire ne peuvent pas méconnaître, à coup sûr, que le droit de propriété du débiteur est la base du droit hypothécaire du créancier; or, en vérité, il est inadmissible qu'un droit existe sans objet auquel il s'applique. Un droit n'est qu'une relation dont l'existence implique celle de deux termes: si l'un des deux fait défaut, où sera le droit? Se sont-ils enfin rendu compte des conséquences désastreuses de leur système? Il serait permis d'en douter sérieusement; notre régime hypothécaire est, hélas! l'objet d'attaques trop fondées pour qu'il faille encore en exagérer les abus, en dépit de la nature même des choses. Aussi nous sentons-nous tout à fait fortifié dans notre manière de voir, lorsque, nous souvenant qu'elle était celle de Pothier (Des Successions, chap. V, art. 4), nous la voyons adoptée aujourd'hui par des jurisconsultes aussi autorisés que MM. Dufresne (nos 103 et 104), Demolombe (no 196), Aubry et Rau (§ 619, note 43). Ces derniers auteurs n'hésitent, d'ailleurs, pas à écrire que *cette proposition ne paraît pas susceptible d'une controverse sérieuse*, et, pour ma part, je suis très porté à me dire complétement de leur avis.

125. — Nous serions vraiment tenté de nous excuser de cette longue digression, mais ces matières sont tout à la fois si importantes et si épineuses qu'il ne nous a pas semblé possible de négliger l'objection capitale à laquelle nous venons de répondre. Nous pouvons maintenant revenir à la doctrine de la jurisprudence sur la question spéciale qui nous occupe.

J'ai dit (no 123) que tant qu'elle se maintenait dans des limites légitimes, cette doctrine me paraissait très certaine, mais la jurisprudence a fait, suivant moi, un pas de trop dans la voie où elle venait d'entrer. Que l'hypothèque acquise par le créancier du défunt soit opposable à tous les créanciers, hypothécaires ou chirographaires de l'héritier, je le veux tout à fait ainsi, mais je ne puis admettre qu'elle produise a leur encontre, en tant que simple hypothèque, d'autres effets que ceux qui s'y trouvent légalement attachés : je m'explique.

Aux termes de l'art. 2151, le créancier hypothécaire, inscrit pour un capital produisant intérêt ou arrérages, a droit d'être colloqué, pour deux années seulement et l'année courante, à son rang d'inscription. Tant donc que le créancier du défunt se borne à prétendre être colloqué dans les limites de l'art. 2151, il y est recevable à tous égards ; mais dès qu'il prétend à quelque chose de plus, un obstacle insurmontable que peut seule abaisser, vis-à-vis des créanciers de l'héritier, la séparation des patrimoines, se dresse devant lui. Un Arrêt de Cassation du 30 novembre 1847 a cependant forcé cet obstacle, mais la solution qu'il fournit de notre problème me paraît, je ne crains pas de le dire, radicalement fausse.

Quelle que soit l'opinion qu'on adopte sur la nature du droit conservé par l'inscription de l'art. 2111, la solution doit rester la même, car si la Cour de Cassation se refuse à concéder le droit de suite à la séparation des patrimoines, elle reconnaît néanmoins qu'elle constitue un droit de préférence et par conséquent un privilége dans la limite de l'art. 2095. Or il est aujourd'hui à peu près universellement admis que l'art. 2151 n'est pas applicable aux priviléges dont l'inscription conserve par conséquent les accessoires de la créance au même rang que la créance elle-même ; eh bien ! c'est là un effet que l'hypothèque est, par elle seule, impuissante à produire et qui ne peut se réaliser, au profit du créancier du défunt, que par la séparation des patrimoines et par l'inscription prescrite dans l'art. 2111. Le décider autrement, c'est, suivant moi, violer de la manière la plus nette et la plus catégorique la disposition de l'art. 2151.

126. — L'hypothèque judiciaire est, quant à son inscription, soumise à la règle édictée par le dernier paragraphe de l'art. 2148 : elle partage en effet avec certaines hypothèques légales l'avantage de la généralité. On peut dès lors dire à son sujet à peu près tout ce que nous venons de dire relativement à l'hypothèque conventionnelle, car l'art. 2151 lui est très certainement applicable ; mais de plus le mode d'inscription auquel elle est soumise donne lieu à une nouvelle difficulté.

L'art. 2111 exige en effet que le droit dont il assure la conservation soit manifesté par une inscription prise SUR CHACUN *des immeubles de la succession,* or précisément l'art. 2148 dispense de cette formalité l'hypothèque judiciaire : d'où naît la question de savoir si le créancier inscrit, conformément à l'art. 2148, peut prétendre faire produire à cette inscription les effets attachés à celle qui remplit les conditions voulues par l'art. 2111. La Cour de Cassation, dans l'Arrêt précité, semble adopter l'affirmative qui, à mon sens, n'est pas plus admissible que l'était tout à l'heure la solution précédente.

Une inscription purement conforme à la règle de l'art. 2148 peut bien produire les effets qui en découlent, mais elle n'en peut pas produire d'autres, sans qu'on arrive à léser ainsi les droits des tiers. Les tiers, en effet, ont tout à la fois intérêt et droit à connaître par avance les conséquences qu'on prétend attacher à l'inscription ; quand ils voient une inscription d'hypothèque judiciaire, ils sont fondés à conclure à l'applicabilité de l'art. 2151 : venir ensuite les placer en face d'un privilége dont rien ne leur a révélé l'existence, c'est faire litière des droits les plus certains et les plus respectables.

Je dois dire toutefois que la jurisprudence semble se rallier à la doctrine ds la Cour de Cassation (Bourges — 14 novembre 1853 = Grenoble — 18 mars 1853), doctrine qu'a d'ailleurs combattue M. Barafort (n° 172).

127. — L'art. 2151 est évidemment inapplicable aux hypothèques légales dispensées d'inscription, il n'y a dès lors plus

à soulever, à leur égard, les difficultés que nous venons de rencontrer et cette fois on peut très légitimement décider que le créancier, nanti d'une telle hypothèque, n'est point tenu de s'inscrire, conformément à l'art. 2111, pour que son droit hypothécaire produise, comme tel, des effets identiques à ceux qu'entraînerait la séparation des patrimoines.

128. — Nous savons que le privilége des créanciers du défunt peut dégénérer en hypothèque dans le cas prévu par l'art. 2113, l'inscription prise dans ces conditions a, à peu de chose près, les mêmes effets, vis-à-vis des créanciers de l'héritier contre qui elle se peut invoquer, que celle de l'art. 2111. Je dis à peu de chose près, car elle en diffère cependant en ce sens que l'art. 2151 lui est très certainement applicable, tandis qu'il ne doit pas être étendu aux priviléges.

Je crois du reste devoir rappeler encore ici qu'à l'encontre des créanciers chirographaires de l'héritier, nulle inscription n'est nécessaire : c'est là un point que je crois avoir déjà suffisamment mis en lumière.

Enfin, j'ajoute que l'inscription requise par l'art. 2111 étant la mise en œuvre de la séparation des patrimoines à l'égard des immeubles, séparation qui peut être réclamée par *tout créancier*, il n'y a pas à songer à l'application quand même de l'art. 2148, pour ce qui a trait à la représentation au conservateur de l'original en brevet du titre de la créance. L'inscription pourra donc être requise soit en vertu d'un acte sous seing privé, soit même sans titre et sur la simple affirmation du créancier.

129. — Avant de clore cette section, je désire mentionner une formalité très importante à laquelle peuvent recourir les créanciers héréditaires, formalité embrassant d'ailleurs les meubles comme les immeubles. L'art. 882 du Code Napoléon leur permet, en effet, de s'opposer à ce que le partage de la succession ait lieu hors de leur présence et les autorise à intervenir à leurs frais dans cette opération. Il est pour eux d'autant plus utile d'user de cette faculté, que, par dérogation à la règle générale

écrite dans l'art. 1167, le partage effectué reste absolument inattaquable, à moins qu'il n'y ait été procédé sans eux et au préjudice d'une opposition qu'ils auraient formée.

§ 2. — Des Effets de la Séparation des Patrimoines.

130. — On a pu voir que, jusqu'à présent, les controverses n'ont pas fait défaut à notre sujet : elles vont se reproduire, dans cette dernière partie de notre travail, plus ardentes et plus graves encore.

Pour bien apprécier quels sont les effets de la séparation des patrimoines, il nous faudra distinguer entre les meubles et les immeubles ; mais tout d'abord je voudrais rappeler quelques principes qui découlent nécessairement des questions déjà résolues.

Le fondement de la séparation des patrimoines peut se résumer brièvement dans cette maxime déjà bien des fois citée : *Non intelliguntur bona nisi deducto ære alieno ;* à certains égards il est donc certain qu'elle n'est point un véritable privilége, mais j'ai dit plus haut qu'il ne fallait pas pousser jusqu'à ses conséquences extrèmes une idée juste en soi et abstraction faite des dispositions de notre Code, si l'on ne voulait s'exposer, pour le plus grand honneur d'une logique intraitable, à fausser de tous points l'œuvre du législateur.

De l'universalité, caractère propre de la séparation des patrimoines, j'ai dû tirer certaines déductions nécessaires et équitables : j'ai dit que l'inscription de l'art. 2111 ne me paraissait pas indispensable contre les créanciers purement chirographaires de l'héritier, j'ai reconnu que, dans tels cas donnés, le droit de préférence pouvait survivre au droit de suite, je constaterai bientot encore une nouvelle conséquence de ce caractère spécial (n° 135) ; mais ceci admis, la séparation des patrimoines me parait, sous tous les autres rapports et aux

yeux du législateur, se comporter comme un privilége véritable et devoir être traitée comme telle.

Pour les meubles, le droit des créanciers du défunt pris en
masse répond parfaitement à la définition de l'art. 2095 ; pour
les immeubles et sauf le droit de suite dont ne parle pas cet
article, on peut remarquer qu'il en est encore de même ; nous
ferons donc la part nécessaire à la nature exceptionnelle de la
séparation, et cette part faite, nous raisonnerons à son égard
comme nous le ferions pour tout autre privilége.

131. — Ce privilége, toutefois, et c'est là une des particula-
rités signalées, peut seulement être opposé aux créanciers de
l'héritier, parmi lesquels nous devons comprendre ceux du
défunt qui n'ont pas su ou voulu conserver leur qualité. Nous
n'ignorons pas que la doctrine contraire a été proposée et
compte encore aujourd'hui quelques rares défenseurs, mais
comme le débat ne doit s'ouvrir, dans toute son ampleur, qu'au
sujet des immeubles, nous nous réservons de démontrer alors
l'exactitude de notre proposition, demandant que, pour le
moment, on veuille bien nous croire sur parole.

Si donc il en est ainsi, il faut conclure que la séparation des
patrimoines laisse ceux qui l'invoquent, les uns vis-à-vis des
autres, dans la situation où ils se trouvaient au moment du
décès. Les privilégiés restent privilégiés, les hypothécaires
demeurent tels, et de même en est-il des créanciers chirographaires après qui passent les légataires.

132. — Ces principes posés, voyons ce qui va se produire
lorsque, les meubles du défunt étant vendus, il y a lieu à contribution sur le prix.

Tous les créanciers du défunt et les légataires peuvent alors
invoquer, contre les créanciers de l'héritier, la séparation des
patrimoines, à l'effet d'être payés sur le prix par préférence à
eux, et ce droit leur appartient, avons-nous dit ailleurs, de plano.
Mais entre eux la séparation des patrimoines n'engendre aucun
droit de préférence, si ce n'est pourtant de créancier à léga-

taire, de telle sorte que tous, en qualité de créanciers du défunt, devront venir au marc le franc sur le prix, s'il n'est
suffisant pour les désintéresser intégralement.

Il est d'ailleurs évident qu'il en serait autrement, si quelques-
uns d'entre eux pouvaient se prévaloir des priviléges énumérés
dans les art. 2101 et 2102.

Quant aux légataires, et par application de la règle : *Nemo
liberalis nisi liberatus*, ils n'auront de droit que sur le re-
liquat.

En résumé, donc, sur le prix des meubles vendus vien-
dront d'abord les créanciers privilégiés appelés dans l'ordre fixé
par les règles de la matière ; après eux passeront les simples
chirographaires et enfin les légataires.

133. — Nous pouvons maintenant nous occuper des effets de
la séparation des patrimoines quant aux immeubles, mais
hélas ! la question est bien loin d'être aussi simple que la précédente.

Si l'art. 880 existait seul, les principes que nous avons posés plus haut nous serviraient à arriver, relativement à cette
nature de biens, à une solution identique à celle que nous
avons fournie pour les meubles. Mais l'art. 2111 est venu
compliquer ce sujet déjà si compliqué et faire naître une controverse qui dure encore, sans paraître près de finir.

Nous connaissons le texte de l'art. 2111 : si l'on argumente
à contrario de cette disposition, l'on dira que, puisque ceux-là
qui se sont inscrits dans les délais conservent leur privilége
contre les créanciers de l'héritier, ceux qui ont négligé de
remplir cette formalité ont perdu le leur et ne peuvent plus
primer ces derniers. Et cet argument, sauf la réserve à faire vis-
à-vis des simples chirographaires, est ici parfaitement concluant, car la solution contraire mènerait à la négation même
de l'art. 2111 : aussi ce point est-il universellement admis.

Mais de ce que ces créanciers négligents vont être primés

par ceux de l'héritier ou tout au moins concourir avec eux, résulte-il aussi qu'ils devront nécessairement se voir préférer les créanciers du défunt inscrits sur les immeubles de la succession.

Et s'il en est autrement, comment se devra régler la situation respective de ces deux catégories de créanciers ?

Ce sont là deux questions qui ont donné naissance à trois systèmes différents dont nous allons tenter l'examen.

A cet effet, remarquons d'abord qu'aucune hésitation n'est possible lorsque, tous, créanciers et légataires, ont obéi aux prescriptions de l'art. 2111 ; on retombe alors sous le coup de la règle dont nous parlions au n° précédent. La condition de chacun reste ce qu'elle était : les privilégiés priment les créanciers à hypothèque simple qui l'emportent eux-mêmes sur les chirographaires après qui viennent les légataires.

Le problème se pose uniquement lorsque, parmi les créanciers et les légataires, les uns se sont inscrits dans les six mois, tandis que les autres n'ont rempli cette formalité que postérieurement ou encore lorsqu'en face d'un créancier inscrit se place un créancier qui ne l'est pas.

Dans le but de simplifier la question, nous allons nous occuper exclusivement d'abord des créanciers, pour ne les mettre que plus tard en conflit avec les légataires.

134. — Eh bien donc *Primus*, créancier du défunt, s'est inscrit dans le délai de six mois pour une somme de 20,000 fr. sur un immeuble héréditaire ; *Secundus*, créancier du défunt pour un capital de 10,000 fr. ne s'est inscrit que postérieurement. *Primus*, aux termes de l'art. 2111, a conservé son privilège ; *Secundus* est devenu simple créancier hypothécaire d'après l'art. 2113 et ne prend rang que du jour de son inscription.

Si le prix de vente de l'immeuble atteint ou dépasse 30,000 francs, rien de plus simple : *Primus* prend les 20,000 fr. pour lesquels il s'est inscrit ; *Secundus* les 10,000, et tout est dit.

Mais voilà que le prix de vente ne s'élève qu'à 25,000 fr. et n'est dès lors plus suffisant pour désintéresser les deux créanciers : il y a une perte à supporter, le sera-t-elle par l'un et par l'autre ou ne pèsera-t-elle que sur *Secundus* ?

Blondeau a proposé un système (page 481 et suiv.) dont nous aurions très bien compris l'adoption : il eût été simple, rationnel, équitable même jusqu'à un certain point et eût évité bien des complications ; mais en définitive, il ne nous paraît pas être celui que le législateur a consacré.

Voici les arguments mis en avant par le savant professeur. Dans le droit commun, le créancier privilégié l'emporte sur le créancier hypothécaire ; or *Primus* qui a conservé son privilége (art. 2111) est évidemment privilégié ; *Secundus* qui a laissé son privilége dégénérer en hypothèque (art. 2113) est évidemment créancier hypothécaire : donc *Primus* doit être préféré à *Secundus* et prendre intégralement le montant de sa créance, alors que ce dernier ne touchera que 5,000 fr., et, par suite, supportera toute la perte.

Et ceci n'est, après tout, qu'une application très équitable de la maxime : *Vigilantibus jura subveniunt*, car *Primus*, inscrit sur cet immeuble dont la valeur suffisait largement à garantir son paiement, a bien pu négliger de conserver son droit sur les autres ; or, une décision contraire le constituerait en perte, alors cependant qu'il n'a aucune faute à se reprocher. Bien plus, elle nuirait sans utilité à l'héritier, puisqu'elle impliquerait pour tout créancier l'obligation de s'inscrire, ne fût-ce que pour une somme insignifiante, sur tous les immeubles de la succession, au grand préjudice et du crédit du propriétaire et de la libre transmission des biens. Il est en effet évident que le système opposé met le créancier d'une succession, d'ailleurs très solvable, dans l'impossibilité de savoir jamais, à quelque époque que ce soit et pendant trente ans peut-être ! sur quoi il doit compter en définitive, tant qu'il n'a pas imprimé son privilége sur tous les biens du défunt.

Enfin, l'économie tout entière du Code prouve que le législateur a rejeté le système de la séparation collective du Droit romain pour adopter celui de la séparation individuelle, et la meilleure preuve qu'il soit possible d'en fournir est que le premier suppose une organisation dont l'on ne trouve aucune trace dans le Code Napoléon ni dans le Code de procédure civile. Mais qui ne voit que toute théorie contraire à celle-ci a pour conséquence fatale de réintroduire dans le Droit moderne le système réprouvé par le législateur, et, par suite, de se condamner elle-même.

135. — Nous croyons n'avoir pas affaibli les arguments par lesquels Blondeau a défendu son système, et nous avons été d'autant plus à l'aise, pour remplir ce devoir de stricte justice, qu'à nos yeux ces arguments sont d'un grand poids, et qu'à beaucoup d'égards cette doctrine nous semblerait préférable à celle dont nous allons tenter l'exposition.

Mais pourtant cette doctrine n'est pas, à notre avis, celle du Code Napoléon, et si elle peut invoquer de puissants arguments de simplicité et même d'équité, il est possible, cependant, de démontrer qu'elle n'a point été admise par le législateur de 1804 et de faire comprendre pourquoi elle ne l'a pas été.

D'après l'art. 878, c'est *contre les créanciers de l'héritier* que se demande la séparation des patrimoines ; d'après l'art. 2111, c'est *à l'égard des créanciers de l'héritier* que l'inscription dans les délais conserve le privilège : toujours en regard des créanciers DU DÉFUNT les créanciers DE L'HÉRITIER ! Et cela est tout naturel : la séparation des patrimoines n'a pas pour but de modifier la condition respective des premiers, mais bien d'empêcher le préjudice que pourrait apporter à cette condition l'acceptation de l'hérédité par une personne obérée. Empêcher, en un mot, le concours des créanciers de l'héritier sur les biens de la succession : tel est son but, et il n'a jamais été autre.

Que ce soit là son but, les textes précités le démontrent nettement ; qu'il n'ait jamais été autre, les traditions historiques par nous rappelées au commencement de ce travail, le prouvent péremptoirement. Ainsi en était-il à Rome, ainsi en a-t-il été dans notre ancien Droit, et quand le législateur moderne emploie des expressions qui ne laissent pas de place au doute, il faut bien reconnaître qu'il n'a pas voulu rompre avec les traditions.

Sans doute, les rédacteurs du Code ont rejeté le système de la séparation collective du Droit romain ; mais notre vieille jurisprudence l'avait également repoussé : le législateur moderne n'a fait que la suivre dans cette voie. La suivre ! et voilà bien pourquoi son œuvre, sur laquelle devait venir s'enter la publicité des privilèges, est, à tant d'égards, imparfaite. Sans doute, il a soumis la séparation des patrimoines s'exerçant sur les immeubles au régime intronisé par la loi de Brumaire ; mais l'inscription ne fonde pas les privilèges, et, impuissante à les étendre contre les personnes à qui ils ne sont pas opposables, elle n'en est que la mise en œuvre. Or, entre les créanciers du défunt, il n'existe pas de causes de préférence, comment donc l'inscription, dont le rôle unique est de manifester celles qui existent, pourrait-elle en engendrer une ?

Pour arriver à un tel résultat, il faudrait soutenir que le défaut d'inscription a suffi pour ranger dans la catégorie des créanciers de l'héritier ceux qui ont négligé de la requérir, et Blondeau n'a pas, en effet, reculé devant cette extrémité ! mais une telle proposition est de tous points inadmissible. Pour être déchu du droit de réclamer la séparation des patrimoines, l'art. 879 veut que le créancier du défunt ait accepté l'héritier pour débiteur, c'est-à-dire qu'il exige un acte formel qui dénote cette intention, un acte et non pas certes une simple omission. Si la proposition était vraie, elle nous conduirait plus loin que Blondeau lui-même eût voulu aller, car ce ne serait pas seulement le droit d'opposer le privilège dont parle l'art. 2111 qui serait perdu, ce serait encore celui de s'inscrire, en tant que simple hypothécaire. Après avoir violé l'art. 879, il nous faudrait arriver à violer l'art. 2113.

Dans l'hypothèse proposée, *Secundus* peut donc répondre à *Primus* : « Vous vous prétendez privilégié, et vous l'êtes en « effet contre les créanciers de l'héritier ; mais vous ne l'êtes « pas contre moi, qui ai conservé, comme vous-même, la qualité » d'ayant cause du défunt ; vous n'avez donc pas pu sauve- » garder, par votre inscription, un privilége que vous n'aviez » pas, et, dès lors, les 25,000 fr. doivent se partager entre nous » au marc le franc. »

Que répondrait *Primus*? Dira-t-il que *Secundus* ne peut plus, pour avoir laissé expirer le délai de six mois, se prévaloir de la séparation des patrimoines ? Mais nous avons déjà vu que l'art. 2113 prouve manifestement le contraire, non moins que l'art. 880. Ce qui est possible, c'est que *Secundus* ait perdu le droit de l'invoquer à l'encontre de certains créanciers de l'héritier inscrits avant lui : mais voilà tout ! En déterminant le délai pendant lequel le privilége peut être conservé *ergà omnes*, l'art. 2111 n'a qu'un but : trouver le moyen de garantir efficacement les créanciers de la succession, sans cependant préjudicier trop gravement à l'héritier. En d'autres termes, le délai de six mois est corrélatif à la défense d'hypothéquer ; mais il n'a pas, il n'a jamais été conçu en vue d'une modification possible de la situation respective des créanciers hérédilaires.

Nous avons dit ailleurs quelle preuve irréfragable Blondeau avait cru trouver, pour la démonstration de son système, dans l'art. 2146 : argumentant *à contrario* de cette disposition, il en concluait que, si l'inscription est sans effet entre les créanciers d'une succession acceptée sous bénéfice d'inventaire, elle doit nécessairement produire quelque résultat en face d'une acceptation pure et simple. Mais c'était là confondre, ainsi que nous l'avons montré, deux choses absolument distinctes, donner à cet article un sens qu'il n'a jamais eu : aussi est-il permis de dire que jamais usage plus fâcheux n'a été fait de l'argument : *Qui de uno dicit, de altero negat*, toujours si périlleux en matière juridique.

Nous tenons donc pour certain qu'entre les créanciers du défunt, la tardiveté de l'inscription reste absolument sans effet et qu'il en serait de même de son défaut absolu.

De ceci il résulte également que nous ne pouvons pas plus admettre la seconde proposition de Blondeau que la première : si donc deux créanciers du défunt se sont inscrits à des dates différentes, mais tous deux après l'expiration du délai de six mois, la date des inscriptions reste sans influence aucune sur leur condition respective.

136. — Nous pouvons maintenant aborder notre seconde question, et dans ce but supposer qu'entre l'inscription de *Primus* et celle de *Secundus* est venue se placer une inscription hypothécaire du chef de de l'héritier, inscription d'ailleurs opposable à *Secundus*. Mais avant d'examiner les divers systèmes de collocation que ce cas a engendrés, il nous faut répondre à un nouvel argument de Blondeau.

Caius, créancier de l'héritier, s'est inscrit sur l'immeuble avant *Secundus*, qui lui-même a laissé dégénérer son privilége en hypothèque : il va de soi que *Primus* l'emportera sur *Caius*, qui, son tour, devra l'emporter sur *Secundus*. Or, s'il en est ainsi, il faut nécessairement conclure, selon Blondeau, que *Primus* doit être préféré à *Secundus*, d'après la maxime : *Si vinco vincentem te, à fortiori te vincam.*

Nous avons déjà eu l'occasion de dire que ces brocards de palais, ainsi posés en règles absolues, nous paraissaient fort dangereux et propres souvent à conduire à des déductions tout à fait erronées. Qu'on me permette, à cet égard, de m'abriter d'ailleurs derrière le grand nom de Bacon : *On a raison de dire*, écrivait le grand chancelier de Jacques Ier, *qu'il ne faut pas tirer* le droit des *règles*, mais au contraire puiser les *règles* dans le droit *positif*. Et ces mots *de la règle, il ne faut pas y chercher une preuve, comme si c'était le texte d'une loi, car la règle n'établit pas la loi, mais ce n'est tout au plus qu'une sorte de boussole qui l'indique.* (Dignité et Accroiss. des Sciences. — Liv. VIII, Tit. Ier, 85.) Le cas présent est un exemple frappant de la justesse de cette observation.

A coup sûr, la maxime précitée est vraie à beaucoup d'égards ; elle ne l'est cependant que moyennant l'existence de certaines conditions. Pour qu'il y ait lieu de l'invoquer, il faut, avant tout, que la position de la troisième personne vis-à-vis de la première soit identique à celle dans laquelle se trouve placée la seconde ; il faut, et l'on peut d'autant mieux employer ici le langage mathématique qu'il s'agit d'une vérité de cet ordre, que *Secundus* soit à *Primus* comme *Caius* est à ce dernier. En dehors de cette condition, la règle est radicalement fausse, l'*à fortiori* procède mal, et le plus vulgaire bon sens suffit à le démontrer.

Eh bien, dans notre hypothèse, cette condition essentielle fait précisément défaut : *Primus*, créancier du défunt, l'emporte sur *Caius*, créancier de l'héritier, attendu que contre ce dernier il est privilégié de par l'art. 2111 ; *Caius* l'emporte sur *Secundus*, qui a laissé son privilége dégénérer en hypothèque, attendu qu'entre créanciers hypothécaires, l'art. 2134 détermine le rang d'après la date des inscriptions ; mais à quel titre *Primus* l'emporterait-il sur *Secundus*? Comme créancier privilégié ? Mais il ne l'est pas contre lui ! Comme premier inscrit ? Mais l'inscription suppose un droit hypothécaire, et *Primus* n'en a point contre *Secundus* ! Parce qu'il est préférable à *Caius*? Mais qu'importe ce triomphe à *Secundus*, n'est-il donc point pour lui *res inter alios acta* ! On voit dès lors quelle fausse application de la règle Blondeau a été conduit à faire pour soutenir son système : n'est-ce pas un argument de plus contre lui ?

137. — Mais alors comment devra se faire le règlement des droits de chacun ? Pour apporter plus de clarté dans une matière si ardue, prenons un exemple numérique :

Primus s'est inscrit dans les six mois pour . Fr. 80.000

Caius s'est inscrit avant *Secundus* pour.... » 40.000 280.000

Secundus, enfin, est créancier de........ » 160.000

L'immeuble sur lequel pèsent ces inscriptions est vendu....................................Fr. 90.000

Il devra donc être subi une perte de...........Fr. 190.000

Si nous suivions le système de Blondeau, qui fut aussi celui de Delvincourt, la solution serait très simple.

Primus prendrait la somme intégrale portée en son inscription..................Fr. 80.000

Caius recevrait ce qui reste............ » 10.000   90.000

Secundus ne viendrait pas en ordre utile. » »

Et si nous ajoutons aux 160,000 de la créance de ce dernier les 30,000 pour lesquels *Caius* n'est point colloqué, faute de fonds, nous retrouvons bien les 190,000 de perte à supporter.

Mais nous avons surabondamment démontré que cette doctrine, toute simple qu'elle soit, n'était point celle à laquelle avait cru devoir se rallier le législateur de 1804 ; il était donc nécessaire d'en trouver une autre : à dire le vrai, il s'en est présenté deux.

138. — La première, proposée par Grenier (Tome II, nᵒ 435) et Merlin (Répert. verbo. Sépar. des Pat. § 5, nᵒ 4), puis successivement adoptée par MM. Dufresne (nᵒˢ 99 et suiv.), Aubry et Rau (Tome V. § 619. Note 47) raisonne ainsi.

Puisque l'inscription tardive de *Secundus* ne confère à *Primus* aucun droit supérieur, ce dernier ne peut sauvegarder, en observant les formalités prescrites par l'art. 2111, que le dividende qui lui serait revenu dans une contribution au marc le franc avec son co-créancier. Or en répartissant entre *Se-*

cundus et lui les 90,000 francs, prix de l'immeuble, *Primus* eût perdu 30,000, et *Secundus*, 100,000 : il ne doit donc être colloqué que pour 50,000, puisque la tardiveté de l'inscription est, quant à lui, parfaitement indifférente.

Dès lors l'opération s'effectue comme il suit :

Primus reçoitle dividende au quel il eut eu droit.................................Fr. 30.000
Caius prend le montant de sa créance.... » 40.000 } 90.000
Secundus touche ce qui reste................ » 20.000

Et si nous ajoutons aux 50,000 perdus par *Primus* les 140,000 reçus en moins par *Secundus*, nous retombons encore sur les 190,000 francs de perte à supporter.

Voilà un système qui, à première vue, semble rationnel et pour ma part, je ne lui reproche qu'une seule chose, mais elle est capitale, c'est qu'il viole tout à la fois et le droit et l'équité.

Il viole le droit : car le privilége de *Primus* est très certainement opposable à *Caius*, créancier de l'héritier, et cependant la collocation proposée attribue à celui-ci l'intégralité de sa créance quand, en s'inscrivant, il savait parfaitement ne pouvoir et ne devoir compter que sur 10,000 francs.

Il viole le droit : car si la présence et l'inscription de *Secundus* ne peuvent pas lui nuire, elles ne peuvent pas davantage lui profiter. L'intervention de ce dernier est pour lui *res inter alios acta,* c'est affaire à débattre entre *Primus* et *Secundus*, il n'a point à y prendre part.

Il viole l'équité : car *Primus* a sauvegardé 80,000 francs contre *Caius* et ce n'est pas le seul concours de *Secundus* qui lui en enlève une partie, puisqu'une portion et la plus grosse se trouve attribuée au créancier de l'héritier.

Il m'est donc absolument impossible de souscrire à ce système, quelque hautes que soient les autorités qui le défendent.

139. — M. Duranton (Tome VII, n° 478 et Tome XIX, n° 227)

11

avait fait, au système précédent, toutes les objections que je lui ai opposées et ces objections mêmes lui ont fourni la solution qu'il cherchait. Sa doctrine a été adoptée par M. Barafort (nᵒ 203), je la trouve généralisée et vigoureusement défendue dans un article très distingué de M. Mersier, substitut à Tonnerre , docteur en droit (Revue pratique — Tome XXIII, nᵒˢ 7 et 8, Livr. des 1ᵉʳ et 15 avril 1867) et c'est à elle que je crois aussi devoir me rallier.

Deux propositions doivent tout d'abord être posées en principes absolus : 1ᵒ la tardiveté de l'inscription de *Secundus* ne confère contre lui aucun droit à *Primus* ; 2ᵒ l'inscription de *Secundus* est indifférente à *Caius* auquel elle ne peut pas nuire, mais auquel également elle ne saurait profiter. Ces principes admis, et nous espérons avoir démontré qu'ils sont fondés, la solution suivante s'impose :

Primus touche le dividende auquel il eût

eu droit........................ Fr. 30.000

Caius prend la somme sauvegardée par 90.000

son hypothèque.................... » 10.000

Secundus reçoit ce qui reste............ » 50.000

Et si nous ajoutons aux 50,000 francs perdus par *Primus*, les 30,000 perdus par *Caius* et les 110,000 touchés en moins par *Secundus*, nous retombons toujours sur les 190,000 de perte à supporter.

Est-ce donc à dire que ce troisième mode de collocation soit absolument à l'abri des objections ? Nous ne voudrions pas l'affirmer, mais pourtant ces objections ne sont pas concluantes. Que peut opposer *Caius* ? Que *Secundus* touche 50,000 quand il ne reçoit, lui, que 10,000 ? Peu lui importe ! *Primus* l'eût toujours réduit à ce dividende , ce n'est pas donc pas sur sa part que se trouve prélevée celle de *Secundus*. Que le mode de procéder crée un droit de préférence au profit de *Secundus* ? Peu lui importe encore ! car ce n'est pas contre lui qu'il s'exerce ; il ne le lèse donc en rien, et c'est chose à régler entre les créanciers du défunt. Du reste, M. Mersier a parfaitement fait ressortir (page 356, loc. cit.) les fraudes auxquelles se prêterait le système adopté par MM. Aubry et Rau. Qui ne voit, en effet, que *Secundus*, avec leur mode de collocation, serait quitte pour s'entendre avec *Primus* et disparaître de l'ordre, ou pour s'arranger avec *Caius* et y apparaître, selon que l'un ou l'autre lui ferait de meilleures conditions !

Les objections sérieuses, capitales, seraient celles qu'on placerait dans la bouche de *Primus*, ce serait celles que Blondeau a exposées avec tant de force, mais ce serait alors des objections qu'il faudrait adresser au législateur, et non à l'interprète.

Au législateur ! car cette diversité de systèmes sur une question que chaque jour peut voir naître est la critique la plus sanglante de son œuvre ; ces problèmes qui divisent les meilleurs esprits lui paraissent-ils donc sans danger ? Et ne serait-il pas temps enfin de reconnaître que les hommes de 1804 n'ont pas prévu toutes les conséquences du système adopté par eux ; qu'ils ne se sont pas rendu un compte exact de ce qui allait résulter de l'application de leur principe, bien loin de le suivre dans toutes les déductions logiques qui en découlent ? Faudra-t-il donc que la jurisprudence en vienne à jouer, comme on l'y convie, le rôle du Préteur romain ?

Pour mieux permettre de saisir les divergences présentées par les trois systèmes, nous croyons devoir en reproduire les résultats dans un tableau unique :

CRÉANCIERS	CRÉANCES	PRIX A DISTRIBUER	1er SYSTÈME	2me SYSTÈME	3me SYSTÈME
PRIMUS.............	80,000 F.		80,000 F.	30,000 F.	30,000 F.
CAIUS.............	40,000 »	90,000 F.	10,000 »	40,000 »	10,000 »
SECUNDUS.............	160,000 »		»	20,000 »	50,000 »

140. — Si, au lieu de faire de *Primus* et de *Secundus* des *créanciers* du défunt, l'on supposait qu'ils fussent, tous deux,

des *légataires*, les choses se passeraient absolument de la même manière ; nous n'avons donc pas besoin de nous occuper de cette hypothèse.

Mais où les résultats doivent varier, c'est lorsqu'on place un *créancier* du défunt en face d'un simple *légataire*, ce qui peut avoir lieu de deux façons : soit en supposant *Primus* légataire et *Secundus* créancier, soit au contraire en faisant de *Primus* un créancier et de *Secundus* un légataire.

141. — Dans la première hypothèse, il va de soi que le premier système maintient son mode de collocation ; mais quel sera celui des deux autres ?

D'après MM. Aubry et Rau (§ 619, note 48), il faudrait colloquer d'abord le légataire *Primus* pour la somme qu'aurait laissée disponible le paiement de *Secundus* : ici cette somme est nulle ; dès lors *Primus* ne touche rien. On colloquerait ensuite le créancier hypothécaire de l'héritier, c'est-à-dire que *Caius* prendrait 40,000 fr., puis les deniers restés sans emploi seraient attribués à *Secundus*, pourvu qu'il eût utilement conservé son droit de préférence à l'égard du légataire au moyen d'une inscription prise postérieurement à celle de *Caius*. Au cas particulier, *Secundus* recevrait 50,000 fr.

Ce mode de collocation nous paraît en complète harmonie avec celui que proposent les mêmes auteurs pour le cas où le concours s'établit entre créanciers ; mais nous avouons avoir quelque peine à comprendre l'assentiment que lui donne M. Barafort, qui rejetait tout à l'heure le système des savants professeurs de la Faculté de Strasbourg, pour se rallier à celui de M. Duranton : aussi, croyons-nous devoir reproduire ses propres expressions.

Après avoir cité lui-même textuellement l'opinion de MM. Aubry et Rau, M. Barafort s'exprime ainsi (nº 214) : *Nous acceptons la collocation, au premier rang, au profit des légataires inscrits dans les six mois jusqu'à concurrence de ce que leur aurait laissé disponible le payement des créanciers héréditaires. Si ceux-ci ne touchent pas ce qui leur est dû, ce n'est pas par le fait des légataires, c'est parce qu'ils se sont laissé primer par les créanciers hypothécaires de l'héritier. Nous acceptons de même* LA COLLOCATION, AU DEUXIÉME RANG, DES CRÉANCIERS HYPOTHÉ-CAIRES DE L'HÉRIRIER.

Soit ! mais dans quelle mesure l'éminent magistrat accepte-t-il la collocation, au deuxième rang, des créanciers de l'héritier ? Est-ce pour l'intégralité de leurs créances, comme MM. Aubry et Rau ? Est-ce seulement pour la somme sur laquelle ils ont pu compter ? M. Barafort ne le dit pas, et, cependant, il eût été utile de s'expliquer nettement, car l'acceptation de la collocation proposée par MM. Aubry et Rau est en désaccord absolu avec la doctrine professée par le savant président dans l'hypothèse précédente.

Secundus ne peut-il pas, en effet, tenir encore le langage que nous lui prêtions tout à l'heure, et dire à *Caius* : « Vous pou-» vez prétendre à la somme qui reste, déduction faite du mon-» tant de l'inscription de *Primus*, mais vous ne pouvez jamais » prétendre qu'à cela : quant aux 80,000 fr. que *Primus* a mis, » par son inscription, hors de votre atteinte, c'est affaire à dé-» battre entre lui et moi. » Puis, se retournant vers *Primus*, il lui opposera que les créanciers devant l'emporter sur les léga-taires, encore que leur inscription sur les immeubles soit pos-térieure, c'est à lui seul que doivent revenir les 80,000 fr. Nous ne voyons pas, pour notre part, ce que pourraient ré-pondre, au cas particulier, *Caius* et *Primus* : aussi n'adopterions-nous pas, sans réserves, le mode de collocation de MM. Aubry et Rau.

Pour nous, le mode à appliquer ne change pas, si la réparti-tion entre *Primus* et *Secundus* n'est plus la même : au regard de *Caius*, il n'y a pas des créanciers et des légataires, il n'y a que des créanciers ; dès lors, il ne peut jamais recevoir plus qu'il ne lui serait alloué dans un ordre ouvert entre personnes de cette qualité. Sur la somme conservée contre lui, doit d'abord se payer le créancier, le légataire ne peut prétendre qu'à ce qui reste.

Je préviens l'objection et j'y réponds. Comment, va-t-on dire, *Primus*, par son inscription, aura conservé 80,000 fr. au créancier négligent et, lui, ne touchera rien ! Dans la bouche des partisans du système de Blondeau, cette objection ne me surprendrait pas, mais elle me paraîtrait dépourvue de tout fondement dans celle des auteurs qui le rejettent.

Comment, dirai-je à mon tour, *Primus* aura conservé son privilége contre *Caius* et cependant *Caius* touchera 30,000 fr. que *Primus* avait mis à l'abri de son atteinte ! Du moins celui-ci va-t-il toucher la différence ? Ah, du tout ! ce sera *Secundus* qui la prendra. Mais que donnez-vous donc à *Primus* ? Rien !

Et ce résultat serait plus équitable, plus logique que celui auquel j'aboutis ! En vérité, pour grand que soit mon respect à l'égard des jurisconsultes qui défendent ce système, il m'est impossible d'aller jusque-là !

M. Mersier (loc. cit.) a combattu, comme nous la combattons nous-même, le mode de collocation proposée par les savants annotateurs de Zachariæ et fait plus particulièrement encore ressortir les fraudes qu'il entraînerait infailliblement, la collusion à laquelle il engagerait *Primus*, sans remède possible d'aucune sorte. Nous ne pouvons que maintenir notre première interprétation, et pour nous, l'opération devrait s'effectuer comme il suit : Collocation *provisoire* du légataire pour la somme portée en son inscription, collocation du créancier de l'héritier, puis sur les fonds provisoirement alloués au légataire paiement du créancier du défunt, le reste étant départi au légataire. Telle serait, suivant moi et le système de Blondeau, rejeté comme il le faut, la solution rationnelle du problème.

Pour bien faire ressortir les différences considérables résul-

tant des trois modes de collocation, je dresse le tableau suivant :

CRÉANCIERS	CRÉANCES	PRIX à DISTRIBUER	1er SYSTÈME	2me SYSTÈME	3me SYSTÈME
PRIMUS (légataire)..	80,000 F.		80,000 F.	»	»
CAIUS ....,...........	40,000 »	90,000 F.	10,000 »	40,000 F.	10,000 F.
SECUNDUS...........	160,000 »		»	50,000 »	80,000 »

Il est curieux de remarquer que le résultat fourni par le troisième système est diamétralement opposé à celui du premier.

142. — Les principes exposés plus haut ne m'ont pas permis
de souscrire à la doctrine de MM. Aubry et Rau quant à la collocation qu'ils proposent ; mais il est en outre un autre point
sur lequel je ne puis me rencontrer avec eux.

MM. Aubry et Rau exigent, pour accorder à *Secundus* la préférence sur *Primus*, qu'il ait utilement conservé son droit à l'é-
gard de celui-ci au moyen d'une inscription prise sur l'imm-
meuble : je ne partage pas cette manière de voir, rejetée également par M. Barafort (n° 214).

Secundus est, par hypothèse, *créancier* alors que *Primus* est
légataire : dès lors, le droit supérieur du premier est écrit dans
cette maxime de droit et de sens communs que les libéralités
ne se doivent acquitter que sur les biens, et que, pour trouver
des biens, il faut commencer par déduire les dettes ; maxime
dont la langue latine permet seule de fournir une expression
énergique et concise : *Non intelliguntur bona nisi deducto œre
alieno;* et *Nemo liberalis nisi liberatus.*

Lors donc, qu'on place *Primus* et *Secundus* en face du patrimoine *du défunt,* il ne peut jamais arriver que le légataire soit
payé avant le créancier, et dès lors, tout ce qu'on peut demander à celui-ci, c'est d'avoir conservé le droit de se prévaloir de
la séparation des patrimoines et de l'opposer effectivement.

Mais si l'inscription de l'art. 2111 ou tout au moins celle de l'art. 2113 est nécessaire pour sauvegarder ce droit sur les immeubles, ce n'est jamais, et l'art. 2111 le dit expressément, qu'à l'égard *des créanciers de l'héritier* ; or, *Primus*, au cas particulier, n'est pas créancier de l'héritier, puisque, demandeur en séparation, il ne doit pas l'avoir accepté pour débiteur : donc contre lui l'inscription ne saurait être nécessaire.

On peut objecter que *Primus* se trouve plus mal traité, après avoir réclamé la séparation des patrimoines, qu'il le serait si, acceptant l'héritier pour débiteur, il eût stipulé de lui une hypothèque et l'eût inscrite avant *Secundus*. Cela est vrai : mais nul ne peut faire qu'une situation étant donnée, les conséquences logiques qu'elle doit produire n'en découlent fatalement. *Primus* pouvait opter : en renonçant au droit de la séparation, il pouvait arriver à primer tous les créanciers du défunt assez négligents pour s'inscrire après lui hors du délai de six mois, mais il pouvait aussi voir tous les autres légataires inscrits dans ce délai l'emporter sur lui ; en se prévalant de la séparation, il peut primer tous les créanciers qui ont accepté l'héritier pour débiteur, mais il doit se voir préférer ceux qui sont restés créanciers du défunt. C'est à lui qu'il appartient de choisir librement ce qui lui est le plus avantageux ; mais, le choix fait, il ne saurait, à aucun titre, être recevable à diviser la situation, à tronquer les résultats nécessaires qu'elle engendre. Il peut être créancier de l'héritier ou légataire du défunt, il ne peut être l'un et l'autre.

143. — La seconde hypothèse, celle dans laquelle *Primus* est *créancier*, tandis que *Secundus* devient *légataire*, a cela de particulier qu'elle ne peut pas soulever la moindre difficulté : tous les systèmes se trouvent d'accord, chose rare ! et pourtant chose facile à expliquer.

C'est qu'en effet tout alors conspire en faveur de *Primus* contre *Secundus* : son inscription antérieure dans laquelle le premier système découvre la cause de son droit de préférence : sa qualité de créancier opposée à celle de légataire qui, pour les deux autres opinions, engendre seule un droit supérieur.

Il en résulte dès lors que nous n'avons à présenter ici qu'un seul et unique mode de collocation : *Primus* reçoit les 80,000 fr. pour lesquels il est inscrit, *Caius* prend les 10,000 fr. qui restent, et le légataire *Secundus*, n'arrivant pas en ordre utile, ne touche rien.

144. — Il est impossible de mettre en concours les créanciers et les légataires, sans se préoccuper de l'hypothèque légale conférée à ces derniers par l'art. 1017. Jusqu'ici nous avons toujours supposé que le légataire se prévalait de la séparation des patrimoines et s'inscrivait conformément à l'art. 2111, il est temps de nous demander ce qu'il adviendrait, s'il s'était contenté de mettre en action son droit hypothécaire.

Nous avons déjà dit ce que nous pensions de la doctrine qui pose en principe, d'une part que les légataires doivent toujours être primés par les créanciers, de l'autre qu'il ne peut jamais exister entre eux d'autre cause de préférence que celles qui seraient écrites dans le testament lui-même. Vraies en tant que les patrimoines du *de cujus* et de son héritier ne se trouvent confondus ni en droit ni en fait, ces deux propositions cessent d'être exactes dès que le contraire s'est produit.

Vis-à-vis de l'héritier il n'y a pas des créanciers et des légataires, il n'y a que des créanciers : si l'art. 1017 confère une hypothèque à ceux-ci sans rien établir de semblable au profit des créanciers de la succession, cette hypothèque peut à leur égard devenir comme inexistante, sous la condition qu'ils réclameront la séparation des patrimoines. En dehors de cette situation, il est impossible de voir sur quoi se pourrait fonder leur prétendu droit de préférence.

La seule question grave que fasse surgir notre hypothèse est donc celle de savoir si, pour invoquer la séparation des patrimoines contre les légataires inscrits d'après l'art. 1017, les créanciers doivent nécessairement être, eux, inscrits conformément à l'art. 2111.

La solution de cette difficulté pourrait peut-être donner naissance à deux opinions diamétralement opposées. Nous avons, en effet, établi que l'hypothèque légale conférée aux légataires par le législateur, suivant, en cela, les traditions les mieux vérifiées, ne devait pas se confondre avec le droit de requérir la séparation des patrimoines ; nous avons démontré que le droit hypothécaire créé par l'art. 1017 ne devait pas être absorbé par le privilége dont s'occupe l'art. 2111. Comme celui-ci, elle constitue bien une garantie accordée au légataire, mais une garantie d'une autre sorte, tantôt plus, tantôt moins avantageuse que la séparation des patrimoines, et dès lors impuissante à engendrer les mêmes effets.

Ne pourrait-on donc pas soutenir qu'à moins d'aboutir à la confusion de ces deux droits, il faut reconnaître que le légataire qui a mis en action son droit hypothécaire en s'inscrivant, par application de l'art. 1017, sur les immeubles de la succession, doit par cela même être réputé avoir renoncé à se prévaloir de la séparation : d'où la conséquence qu'il le faudrait ranger dans la catégorie des créanciers de l'héritier. On en conclurait dès lors que, pourvu d'une hypothèque, le légataire a le droit d'invoquer toutes les exceptions que le législateur a mises au service des créanciers hypothécaires de l'héritier, et par suite d'opposer à ceux du défunt le défaut d'inscription de leur privilége dans les délais de l'art. 2111.

Je ne sais pas si une semblable doctrine a jamais été proposée ; mais, à coup sûr, elle est de tous points inacceptable. Et d'abord il est impossible d'admettre que l'inscription de son hypothèque légale par le légataire puisse faire présumer la renonciation de celui-ci au droit de la séparation des patrimoines. Il va de soi qu'à l'égard du mobilier héréditaire, cette prétendue renonciation ne reposerait sur rien ; mais il n'en serait pas autrement, même quant aux immeubles. Le législa-

teur a concédé au légataire deux garanties distinctes : c'est à
ce dernier qu'il appartient de choisir celle qu'il préfère mettre
en jeu ; bien plus, de se prévaloir, s'il le juge utile à ses intérêts, de l'une et de l'autre. Eh bien, l'art. 2111 lui permet de
s'inscrire comme privilégié pendant un délai de six mois ; à
quel titre lui enlèverait-on une faculté qu'il tient de la loi ?
De ce qu'il est inscrit comme hypothécaire, il ne résulte pas
qu'il n'ait point intérêt à devenir privilégié ; or s'il a intérêt, il
a droit, car l'inscription de l'hypothèque légale accordée par
l'art. 1017 ne constitue qu'un acte conservatoire incapable dès
lors d'entraîner la déchéance écrite dans l'art. 879.

Mais je vais plus loin, et je dis qu'en admettant même qu'un
légataire ait fait les actes les plus formels d'acceptation de
l'héritier pour débiteur, il ne pourra cependant jamais se prévaloir de son hypothèque légale, pour forcer à s'inscrire les
créanciers du défunt.

Aux termes de l'art. 879, l'acceptation de l'héritier pour
débiteur entraîne déchéance du droit de réclamer la séparation
des patrimoines. Déchéance ! c'est-à-dire que cette acceptation
peut bien avoir pour résultat de détériorer la condition de
celui qui l'a consentie ; mais jamais, à elle seule du moins,
d'améliorer cette condition et de faire naître des droits opposables aux créanciers du défunt. Que faut-il donc pour que
le créancier atteint de déchéance soit apte à argumenter du
défaut d'accomplissement des formalités prescrites par
l'art. 2111 ? Il faut qu'il ait revêtu une qualité nouvelle, acquis
un droit nouveau autre que son droit originaire ; il faut enfin
qu'il soit *devenu* créancier hypothécaire de l'héritier. A ce titre,
il peut opposer à ses anciens cocréanciers le défaut d'inscription en temps utile, parce qu'il puise dans le droit hypothécaire à lui conféré *par l'héritier* la qualité qui lui manquait.

Mais le légataire n'est pas dans cette condition : il invoque
son hypothèque ! Mais c'est l'hypothèque elle-même qui, le
marquant au front en quelque sorte, le rend non recevable

dans sa demande, car il ne peut l'opposer qu'en invoquant le
titre dont elle découle, c'est-à-dire sa qualité de légataire. Cette
hypothèque est une garantie contre les créanciers de l'héritier
et non contre ceux du défunt : admettre que, pour assurer le
paiement des legs, le législateur ait voulu mettre ceux que le
défunt a gratifiés avant ceux envers qui il s'est obligé, ce serait
renverser tous les principes ! Le droit hypothécaire des légataires ne saurait être tiré à de telles conséquences.

Opposerait-on que nous arrivons à confondre, en fait, l'hypothèque de l'art. 1017 et le privilége de l'art. 2111, tout en
protestant, en théorie, contre la doctrine adverse ? Je répon-
drais que cette prétendue confusion n'existe nullement : ce
qui est vrai, c'est que deux mesures protectrices prises, en
faveur de la même personne, contre les mêmes créanciers peuvent, à certains égards, se ressembler, et que toutes deux
doivent rester sans effet vis-à-vis de ceux contre qui elles ne
sont point introduites.

En résumé, le légataire inscrit, par application de l'art. 1017,
peut bien se prévaloir de son hypothèque contre les créanciers
du défunt, lorsque, en fait ou en droit, la confusion des patrimoines s'est opérée, attendu qu'alors les créanciers du défunt
ont disparu pour faire place à des créanciers de l'héritier. Mais
dès qu'il y a séparation des patrimoines, cette hypothèque est
non opposable aux créanciers du défunt, même non inscrits,
parce qu'à leur égard elle est comme inexistante.

145. — Ce que j'ai dit du légataire en conflit avec un créancier est également vrai lorsque le concours s'établit entre deux
légataires. L'antériorité de l'inscription de l'hypothèque légale
pourra bien être invoquée, lorsqu'il y aura confusion de fait
ou de droit des deux patrimoines ; mais elle restera absolument
sans effet dès qu'existera la séparation.

Et ici encore nulle inscription ne sera nécessaire du chef du
légataire demandeur en séparation : les raisons énoncées plus

haut pourraient être reproduites ici ; je me contente de m'y référer.

146. — Une dernière question nous reste à résoudre : elle n'a pas cessé d'être l'objet des plus vives controverses, et a donné naissance à trois systèmes.

Nous avons vu le Droit romain refuser d'admettre, avec Paul et Ulpien, les créanciers demandeurs en séparation à concourir sur les biens personnels de l'héritier avec les propres créanciers de celui-ci. Nous avons vu notre ancienne jurisprudence adopter l'avis intermédiaire de Papinien et permettre aux créanciers du défunt de revenir contre l'héritier, dès que les créanciers de celui-ci sont désintéressés. Quel système le Code a-t-il mis en vigueur ? La loi est muette sur ce point, et pourtant si jamais il fut une question importante à trancher, c'était bien celle-là ! Elle ne l'est pas, cependant : que déciderons-nous donc ?

147. — Un premier système admis par MM. Duranton (Tome VII, nos 500 et 501) et Bugnet (sur Pothier, tome VIII, page 221), reproduit la doctrine de Paul et d'Ulpien. Au point de vue des principes, je ne le crois pas fondé : au point de vue des traditions, je ne le crois pas facile à justifier, et cependant, si j'avais à opter entre lui et celui dont l'exposition suivra, c'est lui que je choisirais. Ce système est le seul, en effet, qui rende raison de la disposition contenue en l'art. 879 : or c'est déjà quelque chose pour un système que de justifier un texte.

Aucune autre théorie ne peut prétendre à fournir une explication solide de cette déchéance qui frappe les créanciers, lorsqu'ils ont accepté l'héritier pour débiteur : je sais que M. Demolombe l'a tenté (no 155), mais le savant professeur ne semble pas très convaincu lui-même de la validité des arguments qu'il produit. C'est qu'en effet, dès que les créanciers du défunt sont admis à se venger, fût-ce subsidiairement, sur les biens de l'héritier, quoiqu'ils aient demandé la séparation des patrimoines, on ne voit pas pourquoi il est nécessaire à l'exercice du droit en question qu'ils n'aient pas accepté l'héritier pour débiteur. A mes yeux, il y a entre cette exigence et la théorie en honneur une manifeste contradiction : si la séparation des patrimoines ne rescinde pas l'acceptation de la succession, quant aux créanciers ; si l'héritier reste leur débiteur quand même et toujours, que veut-on dire en exigeant que les créanciers ne l'acceptent pas pour tel ? Il y a là quelque chose de divinatoire, disons mieux, une flagrante inconséquence !

Je comprends donc très bien qu'on soutienne encore aujourd'hui la doctrine de Paul et d'Ulpien, je comprends qu'on dise : *recesserunt à personnà heredis* et qu'on en conclue qu'ayant demandé à rester créanciers du défunt, ils ne peuvent pas être devenus ceux de l'héritier ; mais si cette conclusion me paraît logique à certains égards, je me hâte de dire pourtant qu'elle n'est pas la mienne. Notre ancien Droit l'avait rejetée, tout en maintenant, comme l'a fait le législateur de 1804, l'exigence du Droit Romain ; le système proposé viole donc ouvertement les traditions les plus certaines, et il prête aux rédacteurs du Code Napoléon l'intention de rompre avec elles, sans que rien vienne justifier cette assertion.

Ce n'est pas tout : si ce système est contraire aux traditions, il l'est bien plus encore aux principes du droit. Par son acceptation, l'héritier est devenu le débiteur des créanciers du défunt ; le droit qu'on invoque contre lui, c'est lui qui l'a fait naître, non pas subordonné à une condition quelconque, mais d'une manière absolue ; or, le créancier demandeur en séparation ne fait rien autre chose qu'user d'un privilége à lui conféré par la loi, en sa qualité de créancier de l'héritier, vu l'origine de sa créance.

J'ai déjà dit et je répète que c'est parce que l'héritier est devenu le débiteur des créanciers du défunt, qu'il y a lieu à la séparation des patrimoines ; or, l'usage de ce privilége, acte de méfiance contre l'héritier, ne peut pas lui créer des droits, rendre sa condition meilleure. Autre chose est le bénéfice d'inventaire, autre chose la séparation des patrimoines, et si le premier ne produit pas en droit la seconde, comme j'espère l'avoir démontré, il est bien plus impossible encore que la séparation des patrimoines engendre un régime successoral dont l'existence suppose celle des conditions requises par la loi. Il n'y a pas deux bénéfices d'inventaire, il n'y en a qu'un : l'héritier qui en réclame les avantages doit, avant tout, exécuter les obligations que le législateur lui a imposées.

Aussi bien est-il juste de reconnaître que ce système ne compte plus guère aujourd'hui de partisans : on peut le considérer comme hors de combat.

148. — Après avoir essayé de faire revivre la doctrine d'Ulpien et de Paul, on ne pouvait manquer de tenter la résurrection du système de Papinien qu'avait suivi notre ancien Droit; et Marcadé (sur l'art. 880, n° 6) s'est fait, après Malleville (sur l'art. 878), le défenseur convaincu de cette opinion également adoptée par Mourlon (Tome II, page 192).

J'avoue que des trois systèmes, c'est toujours celui qui m'a paru le plus inacceptable : il est vrai qu'il peut, en sa faveur, invoquer les traditions françaises, ce qui est bien quelque chose ; mais du même coup, il viole les principes et vient se heurter contre un article qu'il rend inexplicable, comme nous verrons d'ailleurs le troisième laisser sans explication l'art. 879.

Lorsque notre ancien Droit se rallia à la doctrine du grand jurisconsulte de Septime-Sévère, il adopta, à mon avis, celle qui était la moins soutenable ; mais pourtant il fut logique, car une jurisprudence constante admit les créanciers de l'héritier à se prévaloir, contre ceux du défunt, de la séparation des patrimoines. De notre temps, au contraire, quand on argumente de ce que les dispositions du Titre des Successions ont été copiées dans Pothier, on oublie que le législateur moderne a rompu, malgré les protestations de quatre Tribunaux d'Appel, avec la jurisprudence déjà critiquée par Lebrun et le jurisconsulte dont on invoque l'autorité ; on oublie enfin qu'il a édicté l'art. 881 d'après lequel les créanciers de l'héritier ne sont jamais admis à demander la séparation des patrimoines. Or, ce qu'on propose n'est rien moins que la suppression radicale de cette disposition.

Et d'ailleurs de deux choses l'une : ou la séparation a rescindé, quant aux créanciers du défunt, l'acceptation de l'hérédité et la saisine légale, et dès lors ceux-ci n'ont aucun recours ni immédiat ni subsidiaire contre l'héritier, comme l'enseigne le premier système ; ou la séparation n'a point produit cet effet, et dès lors l'héritier est devenu le débiteur des créanciers du défunt qui ont qualité pour invoquer l'art. 2092, et par suite pour se venger sur ses biens personnels, en concours avec ses propres créanciers. Il ne me paraît pas qu'on puisse sortir de ce dilemme : il y a place pour deux systèmes, un troisième ne peut être que contradictoire.

En vain oppose-t-on que si la séparation est introduite en faveur des créanciers du défunt, elle crée néanmoins un état de choses qui peut être invoqué par ceux de l'héritier, car, outre que c'est là répondre à la question par la question, c'est faire litière de l'art. 881, dont la disposition, précise et formelle, prouve jusqu'à l'évidence qu'introduite contre ces derniers, la séparation ne peut jamais leur profiter.

On invoque l'équité : je suis très sensible à des arguments de ce genre, et j'ai déjà dit que je regrettais l'existence de l'art. 881, mais en somme ces arguments-là ne peuvent rien contre un texte positif ; or, encore une fois, cet article existe avec toutes les conséquences qu'il renferme et s'oppose invinciblement au triomphe de ce second système, comme il fait obstacle à celui du premier. Et remarquez que si celui-ci explique du moins l'art. 879, non-seulement celui-là n'arrive plus au même résultat, mais rend encore sans justification possible l'art. 881.

149. — C'est donc au troisième système que je me rallie,

système dont le triomphe est aujourd'hui à peu près complet, puisqu'il est adopté par Merlin (Répert. verbo. Sépar. des Pat., § 5; n° 6), Chabot (sur l'art. 878, n° 13), Toullier (Tome II, n° 548), Aubry et Rau (Tome V, § 619, note 52), Massé et Vergé (Tome II, page 336), Demolombe (Tome V, n° 290), et Barafort (n° 221). Il admet les créanciers du défunt, demandeurs en séparation, à exercer tous les droits créés en leur faveur par l'acceptation de l'héritier : ce que j'ai déjà dit sur les deux premiers suffirait à en démontrer l'exactitude.

Quant à l'objection tirée de l'art. 879, je reconnais volontiers toute son importance, et je dirai même qu'à mes yeux, aucune réponse bien satisfaisante ne peut lui être opposée. On a sans doute le droit de voir dans cette disposition la preuve que la séparation des patrimoines doit être réclamée *rebus integris*, mais cette réponse n'en est pas une, car si c'est là un fait que l'on constate, un fait n'est pas une raison, et c'est une raison qu'il nous faudrait! La question qui demande une solution est celle-ci : pourquoi l'acceptation de l'héritier pour débiteur, alors qu'il a bien réellement cette qualité indépendamment de tout acte des créanciers, pourquoi, dis-je, cette acceptation fait elle obstacle à l'existence de la séparation des patrimoines? Je ne crains pas de dire que cette solution n'a pas été fournie, bien plus, qu'elle ne le sera jamais.

Mais cette impuissance, dans laquelle nous nous trouvons d'expliquer l'art. 879, doit-elle faire rejeter notre système? Je ne le crois pas et je vais dire pourquoi. Il ne me paraît pas démontré, je fais sans crainte cette concession aux partisans de la seconde opinion, il ne me paraît pas démontré que le législateur ait calculé toute la portée de l'art. 881; dans le sujet qui nous occupe, son œuvre est d'une étrange faiblesse, il faut bien se l'avouer, et loin d'avoir prévu toutes les conséquences de la doctrine qu'ils adoptaient, les rédacteurs du Code me semblent tout au contraire avoir négligé les plus importantes. Ils ont trouvé un système tout construit et l'ont fait leur, en en rema-

12

niant certaines parties, soit sous l'influence du nouvel état de choses, soit sous l'autorité des critiques de Lebrun et de Pothier, mais ils n'ont pas vu qu'après ces reconstructions, l'harmonie était rompue, l'édifice n'était plus d'aplomb.

Le Droit Romain avait un art. 879, mais il avait la doctrine de Paul et d'Ulpien ; notre ancien Droit suivait l'opinion de Papinien, mais il n'avait pas d'art. 881 : les deux systèmes peuvent être critiqués, du moins ils sont logiques ! Le Code, au contraire, a mis en face l'un de l'autre l'art. 879 et l'art. 881, c'est-à-dire deux dispositions qui hurlent d'être accouplées !

Un système, quel qu'il soit, doit donc heurter l'un ou l'autre de ces textes, et si j'ai dit plus haut qu'à défaut de celui-ci j'adopterais le premier, c'est que le second, lui, les viole tous les deux. En face de cette impossibilité de concilier deux articles inconciliables, il faut se rattacher exclusivement aux principes, or les principes condamnent la première opinion. Voilà pourquoi j'adopte la troisième, tout en présentant, dans toute sa force, l'objection qui peut lui être adressée.

150. — Dans l'examen de cette dernière question nous n'avons, jusqu'à présent, parlé que des *créanciers* du défunt, la même solution doit-elle être adoptée à l'égard des *légataires* ?

La réponse dépend de celle qu'on fera à cette autre question : l'héritier est-il tenu des legs, même *ultrà vires*, s'il n'accepte sous bénéfice d'inventaire ? Problème important sur lequel existent encore bien des doutes, quoique de jour en jour ils tendent à se dissiper ! Nous ne pourrions, sans sortir des limites de notre Thèse, déjà bien longue, traiter à fond ce sujet ; nous dirons, toutefois, qu'en présence des art. 724, 783, 873 et 1017, nous croyons devoir nous prononcer pour l'affirmative, sans oublier, d'ailleurs, que le Droit romain et notre ancien Droit avaient d'autres principes dont la justification n'est pas impossible.

Nous ne faisons donc aucune distinction entre les légataires et les créanciers : tous les droits que nous venons d'accorder à ceux-ci, nous les concédons à ceux-là ; il va de soi pourtant

que ceci s'applique exclusivement aux legs de choses indéter-
minées, et que la question elle-même ne saurait naître à l'égard
des légataires dont le titre est universel ou dont le droit s'applique à des corps certains.

Quand nous disons qu'aucune différence ne nous paraît devoir exister, sous ce rapport, entre les légataires dont nous
parlons et les créanciers, il faut cependant remarquer que
cela n'est strictement vrai qu'autant qu'ils ne se trouvent pas
en face d'un héritier à qui la loi accorde une réserve. Les
principes qui fondent l'obligation aux legs, même *ultrà vires*, se
trouvent alors combattus par d'autres, plus certains encore, d'a-
près lesquels la partie indisponible de la succession *ab intestat*
doit arriver à l'héritier franche et libre de toutes charges. Mais
pour que celui-ci soit recevable à invoquer sa qualité de réservataire à l'effet d'obtenir la réduction des legs, encore faut-
il qu'une confusion irrémédiable des deux patrimoines ne se
soit pas opérée, car, incapable alors de justifier de la détermination de la quotité disponible, il se trouverait nécessairement
tenu d'acquitter tous les legs et de les acquitter en totalité.

Notre tâche est accomplie : aurons-nous réussi à bien exposer
les règles de cette épineuse matière, nous osons à peine l'espérer. Aussi bien le découragement nous eût-il souvent saisi,
si nous ne nous fussions souvenu de ce vers du vieil
Epicharme :

τῶν πόνων πωλοῦσιν ἡμῖν παντα τἀγάθ' οἱ θεοι.

POSITIONS.

DROIT ROMAIN.

I.

Dans le cas où l'héritier avait vendu l'hérédité, les créanciers de celle-ci pouvaient-ils se pourvoir en séparation des patrimoines contre ceux de l'*emptor hereditatis?* Je ne le crois pas.

II.

L'héritier pouvait-il encore aliéner les biens héréditaires, après qu'était intervenu le décret du Préteur octroyant aux créanciers du défunt le bénéfice de la séparation des patrimoines? Je ne le pense pas.

III.

Quelle était la condition respective des créanciers du défunt, après l'octroi de la séparation par le préteur? Je distingue.

DROIT CIVIL.

I.

La séparation des patrimoines, mesure collective et voie d'exécution prétorienne à Rome, perd ce caractère en passant dans notre droit : elle devient purement individuelle et constitue une simple mesure conservatoire.

II.

Les légataires peuvent, comme les créanciers du défunt, demander la séparation des patrimoines, et ce droit n'absorbe pas l'hypothèque légale dont l'existence à leur profit est démontré par l'art. 1017 du Code Napoléon.

III.

Leur droit hypothécaire n'est inopposable aux créanciers du défunt ou à leurs colégataires que par et avec la séparation des patrimoines.

IV.

Les successeurs irréguliers et les légataires dont le titre est universel étant placés *loco heredum*, ils n'ont pas à réclamer la séparation des patrimoines.

V.

L'action à fin *de conservation* du droit de réclamer la distinction des patrimoines peut être intentée contre l'héritier lui-même.

VI.

Les successeurs irréguliers et les légataires dont le titre est universel étant tenus *ultrà vires* des dettes et charges de la succession, s'ils n'acceptent sous bénéfice d'inventaire, il y a lieu de réclamer contre leurs créanciers la séparation des patrimoines.

VII.

L'acceptation sous bénéfice d'inventaire n'entraîne point *ipso jure* la séparation des patrimoines, bien qu'en fait elle produise quelques-unes des conséquences de celle-ci, et l'héritier reste toujours libre de sortir, à son gré, du régime qu'il a choisi.

VIII.

Le bénéfice d'inventaire n'est pas indivisible, non plus que la séparation des patrimoines. De ce que l'un ou l'autre existe vis-à-vis de l'un des héritiers, il ne résulte donc pas qu'il existe contre les autres.

IX.

Et il n'y a pas à distinguer si les héritiers ont ou non cessé d'être dans l'indivision.

X.

La vacance de la succession produit bien tous les effets de la séparation des patrimoines, mais elle ne les produit que tant qu'elle dure.

XI.

Les créanciers du défunt ne sont point recevables à demander la séparation contre ceux d'un cessionnaire de droits successifs.

XII.

La séparation a lieu *de plein droit et sans demande,* dès qu'elle est opposée dans les contributions ou dans les ordres.

XIII.

Le délai de trois ans de l'art. 880 court à dater du jour de l'ouverture de la succession.

XIV.

Les créanciers du défunt et les légataires, inscrits conformément aux art. 2111 et 2113, jouissent du droit de suite.

XV.

Mais la séparation des patrimoines ne fait pas obstacle à la division des dettes entre les héritiers.

XVI.

La séparation des patrimoines est elle-même le remède au danger que peut présenter, dans certains cas déterminés, cette division pour les créanciers.

XVII.

L'inscription sur les immeubles n'est pas nécessaire contre les créanciers *chirographaires* de l'héritier.

XVIII.

Conséquences de l'aliénation des immeubles par l'héritier :

Sous l'empire exclusif du Code Napoléon, l'aliénation, dans les six mois de l'art. 2111, enlève bien le droit de suite aux créanciers du défunt non inscrits, mais elle laisse subsister leur droit d'être payés sur le prix encore dû avant tous créanciers de l'héritier, même hypothécaires. Postérieure aux six mois, l'aliénation leur enlève tout droit de suite et ne laisse subsister leur droit de préférence que contre les créanciers purement chirographaires.

Sous l'empire des art. 834 et 835 (Procéd.), l'art. 834, dérogeant à l'art. 2166, a eu pour conséquence tacite d'abroger en partie l'art. 880 du Code Napoléon et dès lors l'expiration de la quinzaine qui suit la transcription produit les résultats indiqués plus haut, selon qu'elle se place ou non dans le délai de l'art. 2111.

Sous la loi du 23 mars 1855, la transcription qui, seule, dessaisit l'héritier à l'égard des tiers produit les résultats indiqués plus haut, selon l'époque à laquelle elle se place.

XIX.

Si la séparation des patrimoines peut améliorer la condition des créanciers du défunt, elle est impuissante à

modifier celle des biens qui forment leur gage. Si donc le
de cujus avait vendu un immeuble à son héritier resté
débiteur du prix et qu'il eût laissé périr son privilége et son
action résolutoire, ses créanciers ne pourraient invoquer
la séparation pour atteindre le prix, dans un ordre ouvert
sur l'héritier, ni contre les créanciers hypothécaires ni
contre les créanciers chirographaires de celui-ci.

XX.

La séparation peut atteindre les fruits produits par les
biens héréditaires depuis l'ouverture de la succession.

XXI.

L'art. 807, bien que se trouvant dans la section du
bénéfice d'inventaire, peut être appliqué au cas de séparation des patrimoines. Le juge 'peut donc ordonner à
l'héritier de fournir caution du mobilier.

XXII.

Les créanciers hypothécaires du défunt peuvent, indépendamment de toute demande en séparation, atteindre
les biens sur lesquels porte leur hypothèque par préférence
aux créanciers de l'héritier qui seraient pourvus d'une
hypothèque légale (générale) ou judiciaire, encore que
celle-ci datât d'une époque antérieure à celle de la leur.

XXIII.

L'inscription d'une hypothèque conventionnelle ou judiciaire, du chef du défunt, ne suffit pas pour conférer au

créancier de celui-ci, sur le bien qu'elle grève, tous les avantages attachés à celle qui remplit les conditions requises par l'art. 2111.

XXIV.

Mais il en est autrement à l'égard des hypothèques légales que la loi dispense de la publicité.

XXV.

La tardiveté ou même le défaut d'inscription sur les immeubles reste sans effets quant à la condition respective des créanciers du défunt.

XXVI.

En conséquence, dans le cas où un créancier de l'héritier primé par un créancier du défunt l'emporterait sur un autre inscrit tardivement, la collocation doit avoir lieu comme il suit : collocation *provisoire* du créancier du défunt, premier inscrit; collocation de celui de l'héritier; puis partage au marc le franc entre les deux créanciers du défunt des fonds attribués *provisoirement* au premier.

XXVII.

Le mode de collocation ne varie pas, si l'on suppose un légataire premier inscrit et un créancier primé par un de ceux de l'héritier, sauf le droit de préférence du créancier à l'égard du légataire.

XXVIII.

Les légataires inscrits, par application de l'art. 1017, ne peuvent pas opposer aux créanciers du défunt la tardiveté ou le défaut de leur inscription, dès que ceux-ci se prévalent de la séparation des patrimoines.

XXIX.

Les créanciers, demandeurs en séparation, doivent être admis à concourir sur les biens personnels de l'héritier, avec les créanciers de celui-ci.

XXX.

Il en est de même pour les légataires, l'héritier étant tenu des legs même *ultrà vires*, s'il n'accepte sous bénéfice d'inventaire. Sauf, bien entendu, le cas où ils se trouveraient en face d'un héritier réservataire qui n'aurait pas laissé s'opérer la confusion des deux patrimoines, de manière à rendre impossible la détermination de la quotité disponible et partant de la réserve.

DROIT COMMERCIAL.

I.

La disposition de l'art. 448 du Code de Commerce fait-elle obstacle au droit des créanciers héréditaires de réclamer la séparation des patrimoines, même après la déclaration de la faillite de l'héritier? Je ne le crois pas.

II.

L'inscription prise par les syndics en vertu de l'art. 490 du Code de Commerce reste-t-elle absolument sans effet, relativement au droit des créanciers du défunt? Je distingue.

DROIT INTERNATIONAL.

I.

Lorsqu'une succession s'est ouverte à l'étranger, les créanciers du défunt ont-ils le droit de réclamer la séparation des patrimoines relativement aux biens situés en France? Je distingue.

II.

Quel est le caractère de la loi qui régit les successions *ab intestat ?*

DROIT CRIMINEL.

I.

Les art. 246 et 360 du Code d'Instruction criminelle suffisent-ils à établir, en matière criminelle, l'autorité de la chose jugée? Je ne le crois pas.

II.

Doit-on, dans le cas de crime de parricide, considérer la qualité de fils de la victime comme une circonstance constitutive ou comme une circonstance aggravante du crime ?

Vu par le président de la thèse :

A. TROLLEY.

Vu par le doyen :

C. DEMOLOMBE.

Vu, permis d'imprimer.

Pour le recteur, absent :

L'inspecteur délégué,

VENDRYÈS.

Havre. — Imprimerie G. CAZAVAN et Cᵉ, rue Saint-Julien, 16

www.ingramcontent.com/pod-product-compliance
Lightning Source LLC
Chambersburg PA
CBHW072346200326
41519CB00015B/3678